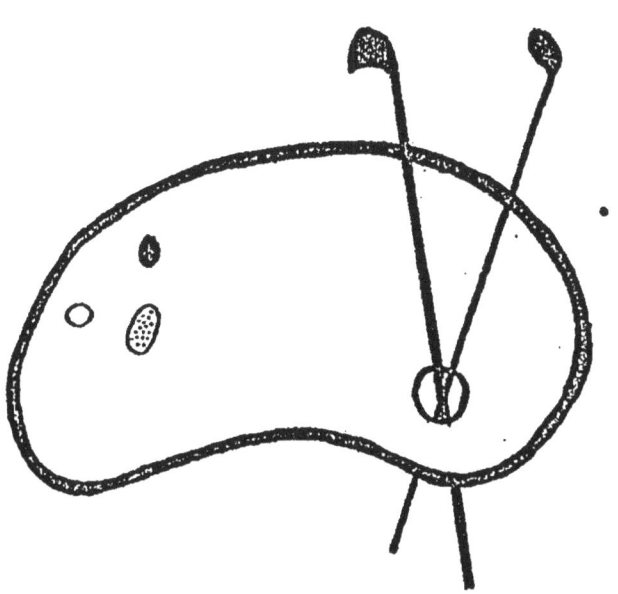

**DEBUT D'UNE SERIE DE DOCUMENTS
EN COULEUR**

LES DRAMES DU MARIAGE

# LES MARIS
## DE
# VALENTINE

PAR

XAVIER DE MONTÉPIN

TOME SECOND

PARIS
E. DENTU, LIBRAIRE-ÉDITEUR
PALAIS-ROYAL, 15-17-19, GALERIE D'ORLÉANS

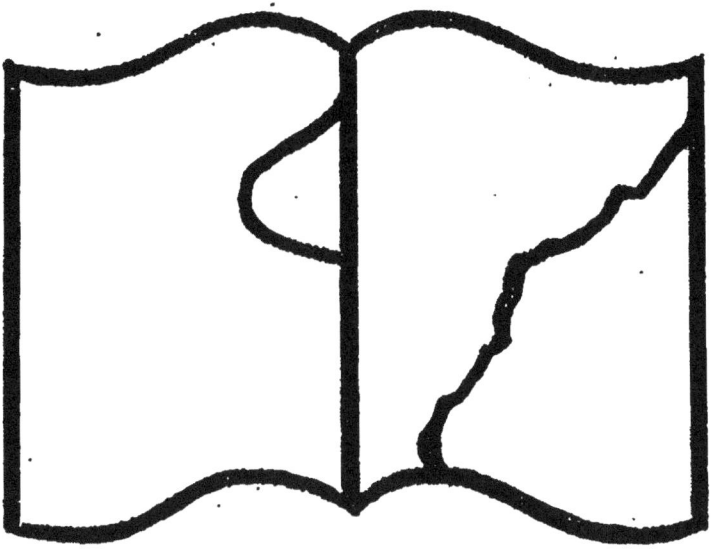

Texte détérioré
Marge(s) coupée(s)

## EN VENTE A LA LIBRAIRIE E. DENTU, ÉDITEUR

### OUVRAGES DU MÊME AUTEUR

*Collection grand in-18 jésus à 3 francs le volume*

| | | |
|---|---|---|
| **LA SORCIÈRE ROUGE.** 4e édition................ | 3 vol. |
| **LE VENTRILOQUE.** 4e édition.................. | 3 vol. |
| **LE SECRET DE LA COMTESSE.** 5e édition..... | 2 vol. |
| **LA MAITRESSE DU MARI.** 5e édition........... | 1 vol. |
| **UNE PASSION.** 3e édition..................... | 1 vol. |
| **LE MARI DE MARGUERITE.** 13e édition....... | 3 vol. |
| **LES TRAGÉDIES DE PARIS.** 7e édition........ | 4 vol. |
| **LA VICOMTESSE GERMAINE** (suite des *Tragédies de Paris*) 7e édition................ | 3 vol. |
| **LE BIGAME.** 6e édition....................... | 2 vol. |
| **LA BATARDE.** 3e édition..................... | 2 vol. |
| **UNE DÉBUTANTE.** 2e édition.................. | 1 vol. |
| **DEUX AMIES DE SAINT-DENIS**................. | 1 vol. |
| **SA MAJESTÉ L'ARGENT.** 3e édition........... | 5 vol. |

*Publications récentes en vente à la même Librairie*

| | | |
|---|---|---|
| **Gustave Aimard**...... | Le Chasseur de Rats. 2 vol..... | 6 » |
| **Philibert Audebrand.** | L'Enchanteresse. 1 vol......... | 3 » |
| **Adolphe Belot**....... | Folies de Jeunesse. 1 vol...... | 3 » |
| **F. du Boisgobey**..... | La Jambe Noire. 2 vol......... | 6 » |
| **Edouard Cadol**....... | Le Cheveu du Diable. 1 vol.... | 3 » |
| **Jules Claretie**...... | Le Train 17. 1 vol............. | 3 50 |
| **Champfleury**......... | La Petite Rose. 1 vol.......... | 3 » |
| **Eugène Chavette**..... | La Chasse à l'Oncle. 2 vol.... | 6 » |
| **Alphonse Daudet**..... | Jack. 2 vol.................... | 6 » |
| **Albert Delpit**....... | Le Mystère du Bas-Meudon. 1 vol. | 3 » |
| **Charles Deslys**...... | Le Serment de Madeleine. 1 vol. | 3 » |
| **H. Escoffier**........ | La Vierge de Mabille. 1 vol... | 3 » |
| **Paul Féval**.......... | Gavotte. 1 vol................. | 3 » |
| **Em. Gonzalès**........ | Les Danseuses du Caucase. 1 vol. | 3 50 |
| **Ch. Joliet**.......... | Jeune Ménage. 1 vol............ | 3 » |
| **Hector Malot**........ | Le Colonel Chamberlain, etc. 4 vol. | 12 » |
| **Emile de Najac**...... | L'Amant de Catherine. 1 vol... | 3 » |
| **Victor Perceval**..... | Le Secret du Docteur. 1 vol... | 3 » |
| **Paul Saunière**....... | L'Agence Aubert. 2 vol........ | 6 » |
| **Pierre Zaccone**...... | La Cellule n° 7. 1 vol......... | 3 » |

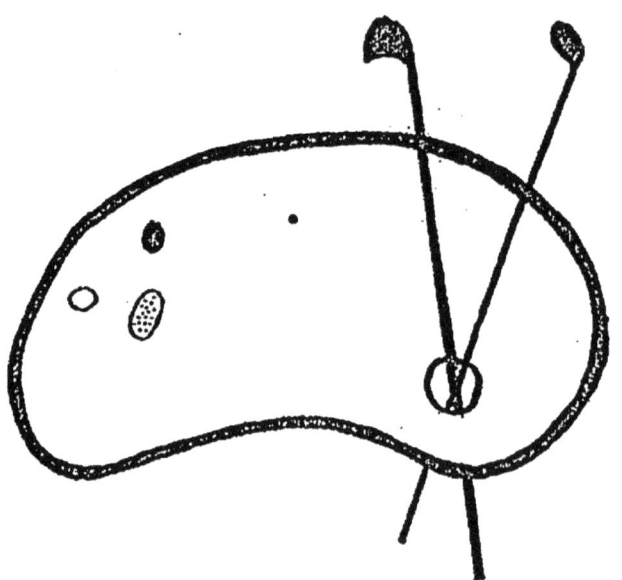

FIN D'UNE SERIE DE DOCUMENTS
EN COULEUR

# LES MARIS
## DE
# VALENTINE

—

II

# LIBRAIRIE DE E. DENTU, ÉDITEUR

## OUVRAGES DU MÊME AUTEUR

Collection grand in-18 jésus à 3 francs le volume

| | |
|---|---|
| LA SORCIÈRE ROUGE, 4ᵉ édition. | 3 vol. |
| LE VENTRILOQUE, 5ᵉ édition. | 3 — |
| LE SECRET DE LA COMTESSE, 5ᵉ édition. | 2 — |
| LA MAITRESSE DU MARI, 5ᵉ édition. | 2 — |
| UNE PASSION, 4ᵉ édition. | 1 — |
| LE MARI DE MARGUERITE, 13ᵉ édition. | 3 — |
| LES TRAGÉDIES DE PARIS, 7ᵉ édition. | 4 — |
| LA VICOMTESSE GERMAINE (suite des *Tragédies de Paris*), 7ᵉ édition | 3 — |
| LE BIGAME, 6ᵉ édition. | 2 — |
| UNE DÉBUTANTE, 3ᵉ édition. | 1 — |
| LA BATARDE, 3ᵉ édition. | 2 — |
| DEUX AMIES DE SAINT-DENIS 2ᵉ édition. | 1 — |
| SA MAJESTÉ L'ARGENT, 1ʳᵉ partie : *Les Filles sans dot*, 5ᵉ édition. | 2 — |
| — — 2ᵉ partie : *La Comtesse de Gordes*, 5ᵉ édition. | 2 — |
| — — 3ᵉ partie : *Les Trois Sœurs*, 5ᵉ édition. | 1 — |
| LES MARIS DE VALENTINE. | 2 — |

SOUS PRESSE :

LA VEUVE DU CAISSIER.
LE MÉDECIN DES FOLLES.
LA MARQUISE CASTELLA.

---

F. Aureau. — Imprimerie de Lagny.

LES DRAMES DU MARIAGE

## LES MARIS
### DE
# 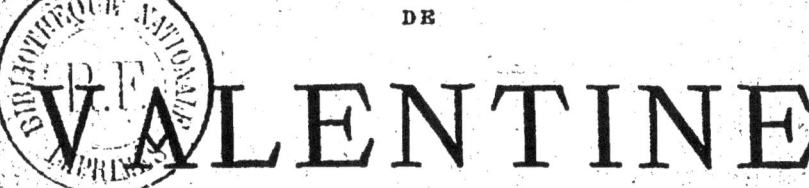ALENTINE

### PAR
## XAVIER DE MONTÉPIN

TOME SECOND

PARIS
E. DENTU, ÉDITEUR
LIBRAIRE DE LA SOCIÉTÉ DES GENS DE LETTRES
PALAIS-ROYAL, 15-17-19, GALERIE D'ORLÉANS

1878
Tous droits réservés

# LES DRAMES DU MARIAGE

## LES MARIS DE VALENTINE

### XXXVI

Sta-Pi, portant avec une aisance de comédien émérite son déguisement de marchand de légumes, possédait l'ouïe subtile d'un policier par vocation.

Il avait entendu le pas d'un cheval résonner sur le macadam caillouteux de la rue Mozart et s'arrêter juste à la hauteur de l'enclos.

Devinant la présence du gibier qu'il était chargé de surveiller et de prendre au piége, le jeune homme se rapprochait rapidement en poussant devant lui son éventaire installé sur deux roues...

Aussitôt qu'il aperçut la silhouette élégante et militaire du comte de Rochegude, pareil à une statue équestre sur le cob immobile, ses suppositions se changèrent brusquement en certitude.

Lionel ne pouvait être que l'original du portrait fait en quelques mots par Hermann Vogel et très-ressemblant.

— Mazette! — pensa l'employé de la maison Roch et Fumel. — Ce particulier-là est un beau gas tout de même, et le caissier ne gagne point à la comparaison!... — Comment m'y prendre pour empocher dès aujourd'hui les dix jaunets de la prime? — Je ne puis vraiment pas demander à ce gaillard son nom et son adresse... Ça serait trop fort de café, et c'est en me caressant l'échine à coups de cravache qu'il me répondrait... — D'un autre côté, le suivre jusqu'à son domicile, même en prenant une voiture, me paraît peu pratique!... — Il monte un bidet dont les jambes fines rendraient neuf cents mètres par kilomètre à tous les rossards des fiacres de Paris... Je serais distancé haut la patte!... — Il faut cependant que je sache!! il le faut absolument!! — Je n'ai pour le quart d'heure pas une idée en tête, mais le hasard, qui protége les honnêtes gens, me viendra peut-être en aide...

Tout en monologuant de cette façon, Sta-Pi continuait à pousser son éventaire et répétait trois fois par minute, de sa voix traînante éraillée par les alcools :

— Les choux! les panais! les carottes!.. Les beaux navets!...

Lorsqu'il ne fut plus qu'à quelques pas du comte de Rochegude, le cob, inquiet de ce voisinage insolite, pointa ses oreilles et fit un léger mouvement de recul.

Lionel jeta les yeux sur ce personnage grêle, de mine souffreteuse et légèrement contrefait. — Il vit la médaille de cuivre accrochée à un bouton de la vieille veste de velours à côtes, miroitée et blanchie.

Cette médaille attira son attention.

— Eh bien! mais, — se dit-il, — voilà un pauvre diable qui pourrait à merveille, s'il le voulait, remplacer le commissionnaire absent...

Il fit un signe au prétendu marchand de légumes pour l'engager à s'approcher un peu plus.

Sta-Pi s'arrêta au lieu d'avancer, et, soulevant d'une main son chapeau de paille bossué et défoncé, demanda :

— C'est-il à moi que vous en avez, bourgeois?

— Oui, — répondit Lionel.

— Peut-être bien qu'il vous faut des choux, des panais, des navets, des carottes? — J'en ai des beaux et des frais... Vous n'avez qu'à voir... et pas chers... — C'est de la bonne marchandise au plus juste prix... je vous arrangerai pour le mieux...

L'idée de se rendre acquéreur de légumes au milieu de la rue parut si comique à Lionel qu'il ne put s'empêcher de sourire, malgré sa préoccupation; — il secoua négativement la tête.

— Alors, bourgeois, — reprit Sta-Pi, — si ça n'est point ça qu'il vous faut, qu'est-ce que c'est? — Je ne vends que des légumes...

— Avez-vous envie de gagner cent sous? — demanda le comte.

— Cent sous, c'est de l'argent!... — Oui, bien sûr, j'ai envie de les gagner pourvu que ça soye honnêtement... — Je manque de *quibus*, c'est positif, mais j'ai tout de même de la délicatesse à revendre...

— Votre délicatesse n'aura point à souffrir...

— Convenu, alors!... — Qu'est-ce qu'il faut faire?...

— Porter une lettre...

— Ça me connaît!... — J'ai-z-été commissionnaire au coin du faubourg Montmartre avant d'être négociant ambulant... — A moi le pompon pour couler en douceur un poulet à une petite dame... et le jaloux n'y voit que du feu...

— Vous ne rencontrerez aucun jaloux...

— Tant pis!... Les maris dindonnés, voyez-vous, moi, ça m'amuse... — Dame! bourgeois, vous comprenez, je suis garçon... — Faudra-t-il aller loin?...

— A cinquante pas d'ici....

— Et vous payez cent sous la course!! — Mazette, vous êtes généreux! — Enfin, je ne m'en plains point... — Présentement, s'il vous plaît, indiquez l'ordre et la marche...

— Regardez dans l'intérieur de l'enclos...

— Je ne fais que ça...

— Vous voyez le quatrième chalet, au fond, à droite?...

— Celui qui a un grand rosier couvert de fleurs et grimpant jusque sur le toit?

— Celui-là même...

— Après?

— Voici la lettre qu'il s'agit de remettre, et voici les cent sous...

— Grand merci, bourgeois...

— Vous allez vous rendre droit au chalet... — Vous sonnerez à la porte du jardin... — Cette porte vous sera ouverte soit par une jeune fille, soit par une enfant de sept ou huit ans... — On vous demandera ce que vous voulez... — Vous répondrez : — « *J'apporte une lettre pour mademoiselle de Cernay...* »

— Pour mademoiselle de Cernay... — répéta Sta-Pi. — Bon !... Je me souviendrai du nom... — Et après ?...

— Voilà tout.

— Pas de réponse ?

— Non. — Vous reviendrez me dire à qui vous avez remis la lettre, et vous serez libre de vaquer à vos affaires...

— Bourgeois, — fit en riant l'employé de Roch et Fumel, — si vous avez souvent besoin d'un commissionnaire pour des courses du même acabit, je lâche carrément les légumes et je me recommande à vous...

— Allez vite... — Je vous attends là...

— Je vole...

Et Sta-Pi, abandonnant sa brouette au milieu de la rue, s'élança dans l'enclos.

Lionel, toujours à cheval et dominant la palissade, le suivit du regard, mais par moments le commissionnaire improvisé disparaissait derrière des touffes de verdure.

— Oh ! mon étoile !! — pensait le policier marron. — Quelle chance de m'être mis en marchand de salade!! — C'est à ma médaille que je dois cette étonnante aubaine! J'aurai gagné les dix louis sans me donner presque de mal, et Fumel conviendra que je suis un malin d'un joli numéro, car évidemment l'épître contient, depuis A jusqu'à Z, tout ce que nous avons besoin de savoir!...

Profitant de l'abri tutélaire d'un massif qui le cachait aux regards du comte de Rochegude, Sta-Pi glissa la lettre dans sa poche et tira de cette poche un morceau de papier jadis blanc, qu'il eut grand soin de tenir à la main, bien en vue, comme il avait tenu la lettre escamotée.

Il atteignit la clôture du petit jardin et mit en branle le cordon de la sonnette.

Au bout de deux ou trois secondes Claire sortit de la maison, entr'ouvrit la porte à claire-voie, montra son gracieux visage enfantin et posa cette question :

— Qui demandez-vous, monsieur?...

— Mam'zelle de Cernay, s'il vous plaît?... — fit Sta-Pi. — Est-ce ici ?

— C'est ici... — C'est ma sœur. — Qu'est-ce que vous lui voulez, monsieur?...

— On m'a chargé de ce papier pour elle...

— Donnez...

— Voilà... — il n'y a pas de réponse... — Bonjour, mam'zelle...

Le policier amateur tendit par l'entre-bâillement la feuille blanche à la petite Claire ; puis, tournant sur ses talons rejoignit Lionel.

— A qui avez-vous parlé ? — interrogea ce dernier.

— A une enfant de sept à huit ans, tout à fait mignonne ma foi...

— Elle n'a rien dit ? ...

— Pardon, bourgeois ... Elle a dit : *merci !* en recevant la missive, et m'a fermé la porte sur le nez...

— Voilà cent sous de plus... — reprit Lionel qui glissa dans la main de Sta-Pi un deuxième écu.

Puis, faisant tourner bride à son cob irlandais, il l'embarqua au petit galop dans la direction de la Muette.

— Elle a ma lettre ! — pensait-il. — En ce moment elle la lit !.. Elle est avec moi par le cœur... Elle comprend combien je l'aime et commence peut-être à m'aimer...

A la même minute Sta-Pi se disait :

— Je tiens la lettre ! — Il s'agit présentement d'aller trouver le bon caissier et de toucher *illico* ma prime, car j'ai vraiment bien besoin de dix louis !...

## XXXVII

Claire regagna la maisonnette avec le morceau de papier que l'agent de Roch et Fumel venait de lui laisser dans les mains.

— Qui donc a sonné, mignonne? — demanda Valentine.

— Un individu maigre, mal habillé, pas beau, que je ne connais pas... — répliqua l'enfant.

— Que voulait-il, cet individu?...

— Il apportait ceci pour toi, petite sœur...

— Donne...

Valentine prit la demi-feuille notablement fripée et salie par son séjour dans la poche de Sta-Pi.

Elle la tourna et la retourna et, n'y voyant rien d'écrit, elle s'écria, très-étonnée :

— Mais c'est du papier blanc...

— Il n'y avait pas autre chose, petite sœur...

— Et cet homme a prononcé mon nom?

— Il a dit : — « *Mam'selle de Cernay? s'il vous plaît?* »

— Était-ce un commissionnaire?

— Je crois que oui... il portait une médaille pendue à sa veste...

— Alors ceci résulte d'une erreur ou d'une mystification... — Je ne m'explique ni l'une ni l'autre... N'y pensons plus.

Et Valentine, reprenant ses pinceaux et se remettant au travail, n'y pensa plus en effet.

※
※ ※

Immédiatement après le départ du comte de Rochegude, Sta-Pi remisa son éventaire roulant dans une maison en construction dont les travaux étaient momentanément interrompus.

Ceci fait, il s'arma d'un canif à trois lames dont il ne se séparait jamais, et tranquillement, comme s'il faisait la chose du monde la plus simple et la plus légitime, il fendit la partie supérieure de l'enveloppe armoriée, en tira la double feuille de papier vélin, et lut avec une extrême attention et un prodigieux intérêt l'amoureuse épître de Lionel.

En arrivant à la fin de cette épître, en voyant tracés en toutes lettres le nom et l'adresse du jeune homme qu'il était chargé d'espionner, son visage de singe prit une expression joviale et ses petits yeux pétillèrent.

— Voilà donc la besogne faite et bien faite ! — pensa-t-il. — Tu es un fameux malin, mon ami Sta-Pi, mais, soit dit entre nous, tu n'auras pas eu beaucoup de mal à gagner la prime dodue que tu vas empocher !

Après ce court monologue, il réintégra la lettre dans l'enveloppe et l'enveloppe dans sa poche ; il fit disparaître la médaille inutile désormais, puis, se frottant les mains et fredonant un air en vogue à cette époque :

> Oh ! eh ! les petits agneaux,
> Qu'est-ce qui casse les verres ?

il gagna la station du chemin de fer.

Un train se dirigeant vers Paris sifflait pour annoncer son approche.

Il prit un billet, et un quart d'heure après il arrivait rue Saint-Lazare.

La maison de banque Jacques Lefebvre et C$^{ie}$, dont Hermann Vogel était le caissier, se trouvait, nous le savons, au numéro 21 de cette rue.

Sta-Pi, au lieu de tourner à gauche dans la direction de Notre-Dame-de-Lorette, prit à droite, s'engagea dans la rue de Rome, puis dans la rue du Rocher, et franchit le seuil d'un petit café d'apparence assez louche, où d'ailleurs il entrait pour la première fois de sa vie.

Cinq ou six tables, pour le moment dépourvues de consommateurs, garnissaient la première salle. — Une deuxième salle, au fond, renfermait un billard auquel il ne manquait que des joueurs.

L'agent de Roch et Fumel s'assit et commanda magistralement :

— Une absinthe, un cigare et une feuille de papier à lettre munie de son encrier, S. V. P.

Tandis qu'on le servait, il jeta un coup d'œil sur le cartel placé au-dessus du comptoir.

Ce cartel indiquait trois heures.

Sta-Pi, prépara son absinthe d'une main savante, ne versant l'eau que goutte à goutte pour obtenir une belle couleur d'opale et un fondu parfait. — Il en savoura la première gorgée avec une satisfaction manifeste; il alluma son cigare, puis, prenant la plume, il traça rapidement les lignes suivantes:

« Très-honoré monsieur,

» L'affaire est dans le sac.
» J'ai les renseignements complets et je les tiens
» à votre disposition.
» Je me fais un plaisir de vous attendre rue du
» Rocher, n° 9, au café Merle. — C'est un établis-
» sement sans prétention... — Je l'ai choisi tout
» exprès pour que vous ne vous compromettiez
» pas devant des connaissances, dans un endroit
» plus chic, à dialoguer avec un particulier aussi
» mal nippé que je le suis pour le quart d'heure,
» car j'ai conservé ma défroque de marchand de
» salade.
» Si vous n'êtes libre qu'à quatre heures, ça ne
» fait rien... — Je ne démarrerai pas d'ici avant
» que vous soyez venu...
» Recevez, très-honoré monsieur, l'assurance des
» sentiments d'estime et de dévouement de votre
» petit serviteur :

» STA-PI.

» P. S. — *N'oubliez pas, S. V. P., d'apporter la*
» *prime convenue. — J'en ai le plus grand besoin.* »

Le policier marron souligna le postscriptum et écrivit l'adresse :

Monsieur Hermann Vogel

*Caissier de la Maison Jacques Lefebvre et Cie,*
*21, rue Saint-Lazare.*

## PERSONNELLE ET TRÈS-PRESSÉE.

— Garçon, — fit-il ensuite, — servez-moi un commissionnaire, *illico*... — Il y aura un pourboire de milord anglais...

— Bien, monsieur...

Le commissionnaire demandé ne se fit point attendre...

— Voici trente sous, mon brave... — lui dit Sta-Pi. — Cette lettre à son adresse, en mains propres... — C'est tout près... rue Saint-Lazare... une course de dix minutes...

— Y a-t-il une réponse, bourgeois ?

— Non... ayez bien soin seulement de remettre la lettre au destinataire lui-même...

— Compris... on s'y conformera...

Une heure s'écoula, puis un quart d'heure encore.

L'agent de Roch et Fumel tua de son mieux

le temps en absorbant une seconde absinthe, en fumant un deuxième cigare, et en parcourant les journaux de l'établissement.

Enfin, à quatre heures et quart la porte s'ouvrit et Vogel apparut, explorant du regard l'intérieur du café.

Une demi-douzaine de consommateurs étaient assis maintenant sur les banquettes de velours rapé.

Sta-Pi leva la main pour se faire reconnaître et le caissier, s'approchant avec vivacité, se pencha vers lui en disant :

— Eh bien?...

— Passons au billard... — Il n'y a personne...

— Nous serons mieux pour causer... — répliqua le jeune homme, puis il ajouta sans transition : — J'ai deux absinthes et deux cigares, plus la feuille de papier nécessitée par la confection de mon autographe... — Vous payerez ça avec le madère que vous allez m'offrir... — J'adore le madère... — C'est un vin qui me réussit... — Garçon, une de madère au billard, deux verres et d'autres cigares... meilleurs que les premiers, hein?...

Un instant après, Hermann Vogel et Sta-Pi étaient installés dans la salle du fond absolument déserte, et le policier marron dégustait avec volupté un effroyable *madère* apocryphe fabriqué à Cette avec du vin blanc du Gard, du caramel et de l'alcool.

— Ainsi vous savez quelque chose? — demanda le caissier dont l'impatience nous semble facile à comprendre.

— Tenez pour certain que je sais tout, depuis A jusqu'à Z!...

— Le nom du jeune homme décoré?

— Son nom; son adresse; ses intentions. — Quand je dis *tout*, c'est *tout!*...

— Mais, comment?...

— Par le pur et simple effet de la malice à Bibi... — Bibi, c'est moi...

— Mettez-moi vite au fait...

— Eh! minute, donc, bourgeois!! — Êtes-vous assez pressé!! — N'importe quel agent de la préfecture aurait mis huit jours à mener à bien la besogne que j'ai faite en deux heures. — Avant tout il s'agit de s'entendre, et c'est facile entre honnêtes gens... — Avez-vous apporté la prime?

— J'ai les dix louis dans mon porte-monnaie...

— Quand me colloquerez-vous les jaunets?...

— Dès que j'aurai la preuve que vous les avez gagnés...

— C'est trop juste...

Sta-Pi tira de sa poche la lettre de Lionel, et d'un geste superbe la tendit au caissier.

— La preuve demandée... — fit-il. — Voilà! — Et si vous n'êtes pas content, c'est que vous serez difficile!!

## XXXVIII

Hermann Vogel prit l'enveloppe que lui tendait Sta-Pi.

D'abord il regarda l'adresse.

— Pour Valentine!... — murmura-t-il.

Puis, après une minute d'examen, il s'écria :

— Mais cette lettre a été ouverte!...

— Naturellement... — répondit l'agent de Roch et Fumel en remplissant son verre qu'il avait déjà vidé trois fois.

— Ouverte par mademoiselle de Cernay ? — demanda Vogel.

— Oh! que nenni !

— Par qui donc ?

— Par moi, tiens !...

— Comment, vous avez osé !...

— Très-bien ! — Entre nous, la main sur la conscience, ayant subtilisé l'épître j'aurais été trop bête si je m'étais gêné pour la lire.

— Que vous importait son contenu?

— Il m'importait beaucoup, et la preuve c'est que ce contenu m'a mis au courant de tout ce que je voulais savoir...

— Il fallait m'apporter cette lettre intacte...

Sta-Pi donna sur la petite table de fer battu un vigoureux coup de son poing maigre.

— Ah! zut, alors ! — fit-il avec impatience. — Est-ce que l'épître en question vous était par hasard adressée plus qu'à moi? — Vous me faites poser, à la fin !! — Vous figurez-vous que dans mon métier la discrétion est de rigueur?.. — Je suis un mouchard, je moucharde !... Et allez donc, Turlurette !... — Au lieu de me chercher une querelle d'Allemand, vous ferez bien mieux de vous assimiler *illico* la prose de M. le comte de Rochegude... — J'ai dans ma folle idée que son style vous intéressera...

— Ah! — demanda Vogel, — cet homme s'appelle le comte de Rochegude?...

— Un peu, mon neveu !... — Rien que ça *d'aristo* à la clef !... — Et ce particulier titré, qui d'ailleurs lâche les pièces de cent sous avec un chic suprême, — (il faut lui rendre cette justice!) — offre très-bien le mariage à la petite demoiselle de la rue Mozart... — Il paraît même que c'est une affaire arrangée entre eux, et que la maman dont on se méfiait y donne les mains, mais en rechignant...

L'agent de Roch et Fumel aurait pu parler longtemps sans être interrompu.

Vogel ne l'écoutait plus.

Il avait tiré la lettre de son enveloppe et il l'étudiait, pesant la valeur de chaque mot et relisant deux fois et même trois fois de suite certaines phrases.

Evidemment cette lecture lui causait une impression désagréable, car son visage s'assombrissait de plus en plus, ses sourcils se contractaient, des lueurs inquiétantes s'allumaient dans ses prunelles à reflets métalliques.

Aussitôt qu'il eut achevé, sa physionomie redevint impassible comme de coutume.

Il replia la lettre froidement, lentement, sans froisser le papier, la glissa dans l'enveloppe et mit l'enveloppe dans sa poche.

— Eh, bien! — murmura l'agent de Roch et Fumel, étonné de cette attitude énigmatique. — Vous avez lu?

— Oui.
— Vous êtes fixé?
— Autant qu'on le puisse être...
— Ai-je gagné ma prime?
— Parfaitement.
— Alors je puis passer à la caisse?
— Oui...

Et Vogel, ouvrant son porte-monnaie, mit une pincée de pièces d'or dans la longue main osseuse du jeune homme qui, avant d'empocher la somme, eut soin de la compter tout en murmurant :

— Ce n'est point défiance... Oh! jamais de la vie!... — Mais on peut se tromper, pas vrai? — Du reste les jaunets sont au grand complet... — Merci, bourgeois, et à votre service...

— Comment avez-vous fait pour vous emparer de cette lettre en l'empêchant d'arriver à son adresse? — demanda le caissier.

— Vous allez voir, — répliqua Sta-Pi — et vous conviendrez que je sais mon métier pas mal et que je dégote assez bien les malins de la Préfecture...

Après cette entrée en matière d'une si touchante modestie, le jeune homme raconta par le menu ce que nos lecteurs savent déjà.

— Vous êtes habile en effet... — dit Vogel. —

Très-habile... — Je rendrai bon témoignage de vous à vos patrons Roch et Fumel...

— Quand les verrez-vous?

— Dans un quart d'heure...

— Donnez leur-donc le conseil de m'augmenter un peu, s'il vous plaît, car à l'agence les appointements sont vraiment trop succincts et les gratifications trop anémiques...

— Je n'y manquerai pas...

Vogel se leva.

— Payez la dépense avant de partir... — reprit Sta-Pi. — Je garde la bouteille... — Je la finirai à votre santé...

Hermann quitta le café Merle et prit à la gare une voiture qui le conduisit en quelques minutes rue Montmartre.

Il monta rapidement à l'agence et fut introduit sans retard dans le cabinet où Roch et Fumel se trouvaient par hasard réunis.

— Ah! ah! — s'écria l'ex-avoué en lui tendant la main. — C'est vous! — Soyez le bienvenu, cher client! — Y aurait-il déjà du nouveau?

— Il y en a, — répondit le caissier, — et la partie me semble compromise...

— Pourquoi? — demandèrent en même temps Roch et Fumel.

— Nous avons été devancés...

— Ah, çà ! vous avez donc un rival sérieux ?

— Trop sérieux...

— Un rival qui veut épouser ?

— Parfaitement.

— Vous savez qui il est ?

— Je sais du moins son nom, grâce à Sta-Pi...

— Il s'appelle ?

— Le comte Lionel de Rochegude...

— Le comte de Rochegude ! — répéta maître Roch. — Allons donc !!

— Vous le connaissez ? — fit vivement Hermann.

— Je connais tout le monde ... — Le gentleman en question est un jeune et brillant officier de hussards, déjà très-riche, devant l'être colossalement un peu plus tôt ou un peu plus tard, et passant à bon droit pour un célibataire endurci et pour un viveur à outrance... — J'admets une amourette dont mademoiselle Valentine pourrait être le gracieux objet, mais il me paraît impossible, complétement impossible que le comte, dans sa position, songe à épouser une petite personne sans famille et sans fortune... D'ailleurs la comtesse sa mère ne consentirait jamais et sous aucun prétexte au mariage...

— Vous croyez cela ?...

— Fermement.

— Eh bien ! lisez, et peut-être changerez-vous d'avis...

Et le caissier plaça sous les yeux de l'ex-avoué la lettre de Lionel.

Maître Roch mit ses besicles d'or.

Fumel ajusta ses lunettes d'acier et s'installa de manière à lire par-dessus l'épaule de l'homme de loi.

Les deux associés arrivèrent en même temps l'un que l'autre à la dernière ligne et leurs deux têtes se relevèrent d'un mouvement simultané.

— Diable ! diable ! — dit maître Roch.

Fumel se contenta de tousser.

— Vous en savez maintenant aussi long que moi... — fit Vogel, — Qu'en pensez-vous, messieurs ? — Avais-je tort de m'inquiéter ?...

— Le comte est évidemment de bonne foi... — murmura l'ex-avoué — Il ne s'agit point d'un caprice, comme je l'imaginais, mais d'une passion. — La mère donnera son consentement... — La situation est grave...

— Elle est grave, — répéta Fumel, — oui, mais non désespérée...

— Vous voyez une issue ? — demanda vivement maître Roch.

— Certes ! ! — Il existe dans la missive de M. de

Rochegude certaine ligne qui peut et doit devenir pour nos projets une ancre de salut..

— Quelle ligne?

— Celle-ci : — *J'ai soif de connaître votre écriture...* — dit le comte à Valentine; donc, cette écriture, il ne la connaît pas...

— Eh bien?

— Eh bien! l'ignorance du comte nous met fort à notre aise... — Ce n'est pas mademoiselle de Cernay qui répondra... c'est nous... et c'est notre honoré client, M. Hermann Vogel, fiancé officiel, qui remettra la lettre au rival évincé...

## XXXIX

Maître Roch se frotta joyeusement les mains.

— Sapristi! compère Fumel, — s'écria-t-il ensuite avec l'accent d'une sincère admiration, — vous êtes très-fort!... — Mes compliments!...

Fumel répondit d'un air modeste :

— Trop indulgent ami, vous me rendez confus!... — Vos éloges sont bien au-dessus de mon faible mérite... — J'ai quelque peu l'habitude de tirer bon parti des situations délicates et difficiles, voilà tout, absolument tout, et c'est fort peu de chose...

— Ne vous diminuez pas ainsi! — reprit l'ex-avoué. — La combinaison est un pur chef-d'œuvre...
— Impossible de trouver mieux.

Puis, s'adressant à Vogel, il continua :

— Monsieur et cher client, avez-vous bien compris l'excellente idée de Fumel ?

— Parfaitement compris... — répliqua le caissier.

— Qu'en pensez-vous ?

— Elle me semble ingénieuse... Mais j'avoue que ma confiance dans ses résultats n'est point illimitée...

— Comment l'entendez-vous ?

— J'admets que M. de Rochegude ne mette pas en doute l'authenticité de la lettre qu'on lui dira venir de mademoiselle de Cernay... — Vous connaissez aussi bien que moi l'obstination des amoureux... — Le comte ne se tiendra nullement pour battu... — Il refusera d'accepter un arrêt rendu par défaut. — Il voudra plaider lui-même sa cause... — Est-il possible de l'en empêcher ? — Or, il suffira de deux minutes d'entretien avec Valentine pour que croule tout l'échafaudage édifié sur la fausse lettre..

Fumel eut un sourire moqueur et toussa légèrement.

Maître Roch tracassa ses lunettes d'or sur son nez — (c'était, nous le savons, son geste familier) — et répondit :

— Oui, sans doute... — En principe vous avez raison, mais pour que tout péril disparaisse il suffit de rendre impossible l'entretien en question...

— Comment?

— Par une succession de petits moyens d'un effet sûr, qui vous seront expliqués en temps et lieu et que vous n'aurez qu'à mettre adroitement en œuvre...

— Songez qu'il n'y a pas de temps à perdre!... — s'écria Vogel.

— Nous n'en perdrons par non plus, soyez tranquille!!... — Mais procédons par ordre... — Il s'agit d'abord de composer la lettre qui sera signée : *Valentine*...

— C'est facile... — murmura le caissier.

— Eh! eh!... pas tant que vous croyez... Cette épître doit être très-simple, très-naturelle, et justifier par une sorte de candeur virginale son origine prétendue... — Or, nous sommes des gens d'affaires et point du tout des jeunes filles... — Enfin nous ferons de notre mieux... — Relisons la lettre du comte de Rochegude et mettons-nous à l'œuvre sur-le-champ...

Après une heure à peu près de collaboration, Vogel et les deux associés avaient produit le brouillon suivant, raturé en cent endroits et presqu'indéchiffrable à force de surcharges :

« Monsieur le comte.

» J'ai hâte de répondre à votre lettre, étant trop
» franche pour ne pas détruire au plus vite des espé-
» rances que mon silence semblerait encourager...

» L'entretien auquel vous faites allusion n'a été de
» part et d'autre qu'un long malentendu, car, je dois
» vous l'avouer, connaissant mon peu de mérite
» je me gardais de prendre vos paroles au sérieux et
» je n'y voulais voir que ces banales galanteries dont
» les hommes, paraît-il, sont prodigues avec toutes
» les femmes.

« Je suis sincèrement affligée que ce malentendu
» ait été pour madame votre mère la cause d'un
» inutile chagrin... — Dites à la comtesse de Roche-
» gude, je vous en prie, de se rassurer bien vite... —
» Je ne serai pas un obstacle à la réalisation de ses
» projets caressés longuement... — La douloureuse
» nécessité de m'appeler sa fille ne lui sera point
» imposée.

» Vous vous trompez vous-même, monsieur le
» comte, j'en suis convaincue, sur la nature du sen-
» timent que je vous inspire... — Vous avez pris pour
» de l'amour une sympathie dont, en tout autre cir-
» constance, je m'enorgueillirais, mais qu'en ce
» moment je n'accepte pas, ne pouvant la payer de

» retour... — D'ailleurs je ne m'appartiens plus...
» — Je suis depuis une heure la fiancée du *person-*
» *nage ambigu*, — (ce sont vos expressions), — à qui
» vous me donniez le conseil de fermer ma porte...

» M. Vogel est le plus loyal des hommes... — Il
» lui a suffi d'un mot pour réduire à néant vos injus-
» tes accusations... — Je l'estime; dans quelques
» jours je serai sa femme, et c'est lui que je charge de
» vous faire parvenir ce billet, car il sait tout. — J'ai
» rempli mon devoir d'honnête fille en lui communi-
» quant votre lettre, en lui racontant notre entrevue.

» Je n'ai pas besoin d'ajouter qu'il serait désormais
» inutile de m'écrire ou de chercher à obtenir de
» moi un nouvel entretien. — Je ne recevrais point
» les lettres, et ma maison resterait close...

» Croyez, monsieur le comte, que mon plus vif
» désir est de vous voir oublier la personne et même
» le nom,

» De votre très-humble servante :

» **VALENTINE DE CERNAY.** »

Le brouillon que nous venons de mettre sous les yeux de nos lecteurs fut relu à haute voix par maître Roch, pesé et discuté de nouveau, et finalement approuvé.

— Peut-être bien est-ce un peu *carré* dans la

forme, — dit Vogel, — mais, en somme, mademoiselle de Cernay est une jeune fille très-résolue malgré sa modestie, et je crois qu'elle ne se gênerait pas pour exprimer nettement sa façon de penser... — Bref une telle lettre, écrite par elle, ne me causerait aucune surprise...

— Ce n'est pas tout! — reprit l'ex-avoué. — Il s'agit maintenant de transcrire, et nous avons besoin d'une jolie écriture indiscutablement féminine... — Où trouver une plume de femme? — Je ne connais que des copistes mâles.

— Ne vous inquiétez pas de cela, cher monsieur Roch... — dit Hermann en souriant. — J'ai ce qu'il nous faut...

— Une ancienne maîtresse, peut-être, dont vous utiliserez *l'anglaise* élégante? — s'écria Fumel. — Prenez garde... c'est dangereux...

— Rassurez-vous... — répliqua le caissier, — Pas le moindre péril... — L'écriture seule sera féminine. — Je possède un ami qui reproduit haut la main, avec une perfection incroyable tous les types d'écriture connus...

— Et les signatures les plus compliquées, munies de leurs paraphes... — ajouta Fumel. — Parbleu! c'est le comte de Lorbac, de son vrai nom Charles Laurent!... J'aurais dû penser à lui...

—Quoi, vous savez ?... — murmura Vogel stupéfait.

— Cher monsieur, nous savons beaucoup de choses... énormément de choses... — répliqua l'ex-agent de la préfecture.

— Charles Laurent fera parfaitement l'affaire, — reprit maître Roch, — et l'on peut être sûr de sa discrétion... — Quand le verrez-vous ?...

— J'irai chez lui en sortant d'ici.

— Êtes-vous certain de le trouver ?...

— Oui... il s'occupe en ce moment d'un travail très-pressé qui le cloue au logis... — J'aurai la lettre ce soir même...

— Parfait ! ! — continua l'ex-avoué. — Et tandis que le pseudo-Lorbac calligraphiera notre prose, vous vous rendrez sans perdre une minute à la maisonnette de la rue Mozart, et là vous combattrez l'impression produite par les médisances du brillant Rochegude en faisant sur votre propre compte des révélations spontanées... — Vous expliquerez que, si vous avez un peu menti, c'était uniquement par amour, puisqu'il vous fallait un prétexte pour arriver jusqu'à Valentine, mais que désormais vous n'aurez plus rien à cacher, etc... etc... — et vous formulerez, séance tenante, votre requête matrimoniale...

Hermann secoua la tête.

— Qu'y a-t-il ? — demanda Fumel.

— Il y a que je suis certain d'un échec, puisque, d'après la lettre escamotée par Sta-Pi, Valentine et le comte sont presque d'accord...

— Ne vous inquiétez pas pour si peu de chose, et ne vous préoccupez point d'un refus... — répliqua maître Roch. — L'essentiel est d'avoir pris date et de vous être posé solidement en épouseur désintéressé... — Aujourd'hui mademoiselle de Cernay répondra : — Non ! — C'est inévitable et c'est prévu...

— Mais avant la fin de la semaine elle aura répondu : — Oui ! — C'est non moins sûr et non moins prévu...

— Croyez-vous ?...

— Oui, pardieu, je le crois, et je vous engage à le croire aussi...

— Qui produira ce revirement si brusque ?

— Moi.

— Et comment ?

— Vous le saurez quand il sera temps...

## XL

Après une ou deux secondes de silence et de réflexion, Hermann Vogel reprit en souriant :

— Vous paraissez si convaincu que vous me donnez confiance...

— C'est ce qu'il faut... — répondit maître Roch. — La confiance double les probabilités de succès.

— Tracez-moi donc jusqu'au bout la marche à suivre... — continua le caissier ; — après ma visite à Passy et ma déclaration plus ou moins bien accueillie, que faudra-t-il faire?

— Revenir chez Charles Laurent, vous mettre en possession de la lettre, fermer l'enveloppe avec de la cire bleu de ciel portant l'empreinte d'un de ces cachets à emblèmes et à devises d'une innocente banalité, dont les jeunes filles ont coutume de se servir. Il va de soi que l'habile copiste aura tracé de sa main virginale, ou prétendue telle, l'adresse du comte de Rochegude... — Une fois l'épître dans votre portefeuille, regagnez votre logis, couchez-vous et tâchez de dormir d'un calme sommeil. — Demain matin, à neuf heures précises, en tenue correcte et sévère, descendez de voiture aux Champs Élysées, à la porte de l'hôtel de Rochegude, et faites remettre votre carte au jeune comte...

— Me recevra-t-il ? — demanda Vogel.

— Ce n'est pas douteux... — Il connaît votre nom puisqu'il vous a dénoncé à mademoiselle de Cernay... — Votre visite l'intriguera et l'inquiétera prodigieusement... Il aura hâte de savoir ce que vous lui voulez... Tenez pour certain qu'on vous introduira sur-le-champ près de lui... — Peut-être vous accueillera-t-il avec quelque raideur, mais vous ne songerez point, j'imagine, à vous préoccuper des nuances... Vous remettrez la lettre à ce gentleman, et, quand il en aura pris connaissance, l'entretien s'engagera... Quel sera cet entretien, je l'ignore absolument, mais je sais qu'il ne peut avoir que deux issues... — Ou M. de Rochegude, reconnaissant en vous le fiancé de Valentine autorisé par elle, renoncera de bonne grâce à ses poursuites amoureuses — (et s'il vous donne sa parole d'honneur, croyez qu'il la tiendra!) — ou bien il prendra mal la chose, et vous le dira vertement...

— Cette deuxième supposition me paraît beaucoup plus vraisemblable que la première... — interrompit Vogel.

— C'est aussi mon avis, — poursuivit l'ex-avoué, — et vous vous trouverez en ce cas dans une excellente situation pour provoquer le comte...

— Un duel, alors?...

— Nécessairement...

— Diable!!...

— Auriez-vous peur, par hasard, monsieur et cher client?... — demanda l'ex-avoué d'un ton railleur.

Hermann se cabra.

— Peur! — répéta-t-il. — Allons donc!... — Pour qui me prenez-vous?? — Je suis prêt à me battre avec le monde entier... — Je réfléchissais simplement que cet officier doit avoir une grande habitude des armes...

— C'est probable en effet, pour ne pas dire certain... — Êtes-vous fort à l'épée, vous?...

— J'ai tout au plus six mois de salle...

— Et au pistolet?

— Je casse au moins huit poupées sur dix...

— La partie, j'en conviens, serait inégale à l'épée,

mais que voulez-vous... On ne fait pas d'omelettes sans casser des œufs et qui ne risque rien, n'a rien!... Quand j'ai noué l'affaire, j'étais loin de prévoir ces complications... — Voulez-vous renoncer?... — Nous déchirerons notre petit acte sous seing privé et tout sera dit.

— Renoncer!! jamais! — s'écria Vogel. — Quand même je n'aurais qu'une chance pour moi et quatre-vingt dix-neuf contre moi, j'irais de l'avant...

— Et, mordieu! vous auriez raison! — répondit l'ex-avoué, — d'autant plus que, si j'ai bonne mémoire, lorsque les circonstances nous ont mis en rapport vous songiez très-sérieusement à vous faire sauter la cervelle... — D'ailleurs il ne s'agit point de tuer le comte de Rochegude, mais de le blesser assez grièvement pour qu'il nous laisse le champ libre pendant quinze jours ou trois semaines... — Or, rien n'est si dangereux qu'un coup de maladroit... — Ce sera notre chance... — Le temps nous talonne... Allez-vous-en! — Vous me trouverez demain matin à la porte de la maison Jacques Lefebvre et C$^{ie}$ et vous m'apprendrez, en quatre mots, le résultat de votre entretien avec le comte...

— Ne vous dérangez pas... — Je vous écrirai trois lignes, et, sitôt libre, je viendrai ici...

— C'est convenu!...

En quittant l'agence de la rue Montmartre, Hermann Vogel prit une voiture, se fit conduire boulevard Clichy, à la maison qui nous est connue, escalada de nombreux étages et frappa maçonniquement à la porte de Charles Laurent.

Le pseudo-comte de Lorbac vient ouvrir après s'être assuré, par surcroît de précaution, de l'identité du visiteur.

Ce dernier lui ayant expliqué ce qui l'amenait, exhiba le brouillon que nous avons mis sous les yeux de nos lecteurs.

Charles Laurent était trop *malin* pour ne pas flairer une affaire. — Se sentant indispensable, il essaya d'en abuser.

Il se prétendit mort de fatigue; il affirma que le travail demandé était excessivement difficile, et que d'ailleurs, une jeune fille se trouvant en jeu, il voyait là quelque chose de blessant pour sa délicatesse d'homme du monde... — La conclusion fut qu'il refusait de copier la lettre.

Vogel le laissa dire, puis, trop pressé pour discuter, lui demanda carrément :

— Combien voulez-vous?

— Cinquante louis. — répliqua Charles Laurent d'un ton cynique.

— J'en offre vingt-cinq... — Ça va-t-il?

— Non, cher ami, j'y perdrais trop...

— Comme vous voudrez... — Je vais charger de la besogne une petite femme de mes amies qui la fera pour rien... — J'y gagnerai vingt-cinq louis...

— Et des fautes d'orthographe... Donnez le brouillon.

— Le voilà.

— Et la monnaie?

— En échange de la lettre...

— Quand vous la faut-il?

— Je viendrai la chercher dans deux heures...

— Elle sera prête depuis longtemps...

Vogel descendit les cinq étages, remonta en voiture, donna l'ordre de l'arrêter à la porte d'un restaurant, prit un brouillon, mangea un bifteck, but une demi-bouteille de vin de Bordeaux, se fit conduire à Passy et mit pied à terre rue Mozart.

Il était à peu près huit heures du soir.

Nous savons déjà qu'Hermann avait l'habitude de venir tous les deux jours à la maisonnette, sous le prétexte plausible d'examiner les progrès du travail que mademoiselle de Cernay faisait pour lui.

Valentine, ne l'ayant pas vu la veille, s'attendait à sa visite.

A plus d'une reprise, pendant la journée, elle avait résolu de ne pas le recevoir s'il se présentait ; mais, peu à peu, à mesure que passaient les heures, cette résolution s'était modifiée.

— Pourquoi fermer de façon brutale ma porte à ce monsieur Vogel ? — pensait la jeune fille. — En somme je n'ai point positivement à me plaindre de lui... — Son unique tort est de s'être donné pour ce qu'il n'était pas... — Sa déférence et son respect ne se sont jamais démentis... — Si ses intentions secrètes sont coupables, comme on l'affirme, je ne puis que les soupçonner car il les cachait bien... — Je veux que ma franchise le fasse rougir de sa duplicité. — Je le recevrai une dernière fois, afin de le prévenir que je ne le recevrai plus... — Je lui dirai que je sais tout, et que d'ailleurs j'ai cessé d'être libre...

Valentine se trouvait dans ces dispositions quand un coup de sonnette retentit à la porte du jardinet.

Le crépuscule précédait la nuit, noyant l'enclos dans la demi-teinte.

Une lampe à abat-jour, placée à côté des aquarelles commencées, éclairait seule le salon-atelier.

— Petite sœur, on a sonné... — dit Claire.

— J'ai entendu, mignonne ; va voir... — répliqua Valentine, — et n'ouvre pas si c'est un inconnu...

— Mais si c'est M. Vogel?...
— Tu le feras entrer...

L'enfant sortit et reparut au bout d'un instant en s'écriant :

— C'est M. Vogel. — Le voici...

## LXI

Hermann Vogel, en entrant dans le cercle faiblement lumineux tracé par la lumière de la lampe, eut soin de se composer une démarche timide et une physionomie embarrassée qui contrastaient de façon très-vive avec son assurance habituelle.

— Bonsoir, mademoiselle... — dit-il d'une voix presque tremblante, —j'espère que vous allez bien...

— A merveille, monsieur, je vous remercie... — répliqua Valentine.

Puis, désirant prendre aussitôt le visiteur en flagrant délit d'imposture, elle ajouta :

— Je vous attendais presque ce soir... — J'ai travaillé beaucoup... — Vous venez prendre livraison des aquarelles terminées ?

— Non, mademoiselle... — murmura Vogel, à la grande surprise de la jeune fille.

— Mais alors, — s'écria-t-elle, — quel motif vous amène ?

— Je viens vous prier d'entendre ma confession...

— Votre confession?... — murmura Valentine stupéfaite.

— Oui, mademoiselle, la confession d'un honnête homme... — Je sollicite une indulgence que vous ne me refuserez pas, car, si j'ai commis une faute, les motifs de cette faute peuvent et doivent à coup sûr me servir de circonstances atténuantes.

— Il m'est impossible de vous comprendre... — balbutia mademoiselle de Cernay.

— Quelques mots suffiront pour vous expliquer tout... — reprit Vogel. — Je vous ai menti... — Je ne suis point marchand de tableaux...Je suis caissier d'une importante maison de banque...

Vogel s'arrêta.

Il paraissait attendre un mot, une question.

Valentine, la tête basse, resta silencieuse. — Qu'aurait-elle pu dire ?

Ce qu'elle venait d'entendre, elle le savait d'avance.

Le caissier poursuivit :

— Vous vous demandez certainement pourquoi

ce mensonge... — Eh! mademoiselle, il était indispensable... — Le moment est venu de vous ouvrir mon âme... — Ne vous irritez point d'un aveu que depuis bien des jours le respect profond que vous m'inspirez arrête sur mes lèvres... — Je vous avais vue, mademoiselle, et je vous aimais...

La jeune fille fit un mouvement brusque comme pour imposer silence à son interlocuteur.

— Laissez-moi continuer, je vous en supplie... — dit vivement Hermann — Qu'avez-vous à craindre?... Avant de parler de mon amour j'ai parlé de mon respect... — Il est immense... il est infini... — Je vous adore, mais à deux genoux, et la passion que vous m'inspirez ressemble au culte qu'on a pour les anges... — Je souhaitais avec ardeur arriver jusqu'à vous, franchir le seuil de votre demeure, n'être plus tout à fait un étranger pour vous, obtenir une petite place dans votre intimité, mais le moyen? — Si je m'étais présenté comme le caissier de la maison de banque Jacques Lefebvre, vous n'auriez certes pas consenti à me recevoir, vous qui ne recevez personne... — Est-ce vrai, mademoiselle?...

Valentine répondit, du geste plutôt que de la voix :

— C'est vrai...

— Je cherchai, — continua Vogel, — et, connaissant vos occupations artistiques, je me dis que sans doute la qualité de marchand d'objets d'art réussirait à m'ouvrir votre porte... — Cette idée était bonne puisqu'elle a réussi. — Maintenant, mademoiselle, le déguisement devient inutile, et grâce à Dieu la sincérité m'est permise... — J'appartiens à une famille étrangère absolument honorable, qui n'est point noble à la vérité, mais qui possède des alliances dans la haute noblesse allemande... — Des héritages sérieux m'arriveront dans un temps donné et constitueront une fortune. — En attendant, j'occupe une place de confiance dans une maison de premier ordre... — Je touche douze mille francs d'appointements annuels et je possède des économies... — Je suis d'un caractère facile et d'une nature loyale et confiante... J'ai la certitude de n'avoir jamais volontairement fait de mal à personne, et, quand l'occasion se présente de faire un peu de bien, je ne la laisse point échapper... — Je vous aime, mademoiselle, de toutes les forces d'un cœur qui n'avait pas battu avant le jour où je vous ai vue... — Je me sens capable de vous rendre heureuse et honorée, et, si vous êtes ambitieuse, de vous conquérir dans le monde une position enviable...

Le caissier mit un genou en terre devant la jeune

fille, et les mains jointes, la voix vibrante de passion, il finit par ces mots :

— Désormais vous me connaissez... Vous savez ce que je suis... ce que je veux... ce que j'espère... Voulez-vous être ma femme ?...

— Relevez-vous monsieur... Relevez-vous, je vous en conjure... — dit Valentine très-émue...

— Je vous obéis, — murmura Vogel : — mais songez combien l'attente me semblera pénible après l'aveu que vous venez d'entendre. — Par grâce, par pitié, répondez-moi !!

— C'est que la réponse est bien difficile à faire... — balbutia mademoiselle de Cernay.

— Même si cette réponse doit m'apporter une déception, une douleur, je la préfère à l'incertitude... Parlez donc, je vous en supplie...

— Soit... — dit Valentine d'une voix très-basse... Vous le voulez... Écoutez-moi donc : — D'abord et avant tout je vous pardonne de grand cœur un mensonge dont vous m'avez prouvé l'innocence presque complète... — Je suis touchée et reconnaissante des sentiments d'affection respectueuse que vous m'exprimez et dont vous me donnez l'irrécusable preuve en m'offrant votre nom...

— L'acceptez-vous ? — s'écria Vogel.

La jeune fille secoua négativement la tête.

— Vous refusez, — reprit le caissier jouant à merveille la consternation.

— Il le faut, et je me croirais coupable si je vous laissais la plus légère, la plus lointaine espérance !... Je ne serai jamais votre femme.

— Pourquoi ? — Vous me haïssez donc ?...

— Non, certes !

— Eh bien ?...

— Mais j'ai cessé de m'appartenir...

— Vous aimez ! ! et ce n'est pas moi ! !...

Valentine, rougissant jusqu'à la racine des cheveux, fit un signe affirmatif.

Vogel laissa tomber sa tête sur sa poitrine, en murmurant avec un accent tragique que les acteurs en renom des théâtres du boulevard auraient pu lui envier :

— Oh ! malheureux ! que je suis !... — Mon rêve s'envole ! Tout s'anéantit ! Tout s'écroule !... — Autour de moi le vide... le néant !...

Une autre femme aurait souri de cette phrase mélodramatique. — Valentine, inexpérimentée, naïve autant qu'on le puisse être et ne sachant rien de la vie, la prit au sérieux et se désola sincèrement de causer un si poignant chagrin à ce digne Hermann Vogel ; mais, ne pouvant lui donner aucun espoir, elle ne trouvait pas un mot à dire pour le consoler et se contentait de le plaindre.

Le caissier reprit la parole au bout d'un instant.

— Je n'imposerai point silence à mon cœur... — dit-il d'une voix lente et sombre, — je ne le pourrais pas... je ne le voudrais pas... — Je refuse d'oublier... l'oubli, pour moi, serait la mort !... Mais je ne vous importunerai point du spectacle de ma douleur... — Soyez heureuse, mademoiselle !... J'offrirais ma vie sans hésiter, si j'étais sûr, en la donnant, d'assurer votre bonheur !... — Fasse le Ciel qu'il soit digne de vous, celui que vous aimez !!

— Ah !— s'écria Valentine, — si vous saviez...

— Je ne veux rien savoir !... — interrompit brusquement Vogel. — Ayez pitié !... Ne retournez point le fer dans ma blessure !!... N'exaltez pas devant moi ce rival que vous voyez à travers un mirage ! ... Peut-être vaut-il mieux que moi, mais, quel qu'il soit, je l'affirme, il ne peut vous aimer autant que je vous aime !!...

— Ne dites pas cela !! — reprit la jeune fille entraînée presque à son insu, et livrant tout entier le secret de son cœur. — Celui de qui vous parlez et que vous ne connaissez pas me prouve son amour en m'offrant un grand nom, un titre, une fortune...

Vogel hocha la tête en fronçant le sourcil.

— Ah ! c'est un gentilhomme... — fit-il d'un air presque dédaigneux.

Valentine froissée répliqua sèchement :

— Oui, c'est un gentilhomme !...

— Certes, — poursuivit le caissier, — vous méritez l'amour d'un prince, et cependant j'ai peur, et cependant je vous dis : « *Prenez garde ! !* »

— Pourquoi ?...

— Ils savent mentir et ne savent pas aimer, ces beaux oisifs, ces riches viveurs, accoutumés aux succès faciles... — Quand un caprice les harcèle, ils ont d'irrésistibles discours et des piéges dorés à prendre les filles d'Ève... — Ils promettent beaucoup et font très-volontiers tous les serments du monde... — Cela coûte si peu à donner une parole qu'on ne tiendra pas ! ! — La fille d'Ève prête l'oreille, ouvre son cœur et succombe. — Le tour est fait... — La colombe est prise... — L'oiseleur se dérobe alors, emportant ses promesses oubliées, et tout est perdu, même l'honneur !... — Défiez-vous ! !

Valentine sentit un frisson. — le frisson du doute naissant, — passer sur sa chair ; néanmoins elle fit bonne contenance et répondit sans hésiter :

— Je ne crains rien..

— Mais je crains pour vous, moi ! ! — s'écria le

caissier. — Je pressens le péril que vous ne voyez pas. — Si méconnu, si dédaigné que soit mon amour, il me donne le droit de veiller sur vous !... Je veillerai !...

## XLII

L'entretien d'Hermann Vogel et de Valentine ne pouvait se prolonger.

L'orpheline se donna beaucoup de mal pour trouver le moyen de dire sans rudesse à son adorateur évincé qu'il devait désormais s'abstenir de toute démarche faite dans le but de se rapprocher d'elle, car, bien qu'elle lui gardât son estime, il lui serait impossible de le recevoir, même de loin en loin, ses visites n'ayant plus de raison d'être.

— Soyez tranquille, mademoiselle... — répliqua le caissier d'un ton très-digne et très-ému. — J'avais compris déjà cette nécessité... — Je m'y soumets et je m'y résigne comme on doit se résigner et se soumettre à ce qui est inévitable... — Je ne vous importunerai pas... — J'ai parlé de veiller sur vous, mais ce sera de loin, ce sera dans l'ombre... — Vous ne me verrez plus, et plus jamais vous n'entendrez prononcer mon nom si vous êtes heureuse... — Si, au contraire, les déceptions succédaient aux espérances ; si le malheur fondait sur vous à l'improviste, si enfin vous aviez besoin d'un ami prêt à donner sa vie pour vous éviter un chagrin, vous savez où je demeure... — Appellez-moi, je viendrai... — Adieu, mademoiselle...

— Adieu, monsieur... — murmura Valentine, le cœur gros, les yeux pleins de larmes, en tendant à Vogel sa petite main qui tremblait un peu.

Le jeune homme prit cette main, la pressa contre ses lèvres, puis, détournant la tête et poussant un soupir, il quitta vivement le salon sans ajouter une parole.

Quand la porte se fut refermée derrière lui après cette sortie digne d'un comédien de premier ordre, mademoiselle de Cernay, très-troublée, en proie à une vague et infinissable inquiétude, se laissa tomber sur un siége.

Ses pensées prenaient une teinte sombre.

Il lui semblait qu'entre elle et l'avenir un voile de deuil s'étendait brusquement.

— Si cependant il ne se trompait pas !... — se

disait-elle tout bas. — Si l'homme en qui j'ai foi n'était qu'un imposteur!!

Elle cacha son visage dans ses mains et sentit son inquiétude se changer en angoisse.

Claire, étonnée de son attitude et de son silence, grimpa sur ses genoux, lui jeta ses bras autour du cou, et tout en l'embrassant murmura près de son oreille :

— Tu as du chagrin, petite sœur ?...

— Non, mignonne... — répondit Valentine en écartant ses mains pour sourire à l'enfant.

— Bien vrai ?...

— Oui, bien vrai...

— Pourquoi donc alors as-tu l'air si triste ?...

— Parce que, sans le vouloir, j'ai fait de la peine à quelqu'un qui ne le méritait pas.

— A M. Hermann Vogel ? — demanda Claire.

— Oui...

— J'ai entendu que tu lui disais de ne pas revenir...

— Je le lui ai dit en effet.

— Et il ne reviendra plus ?...

— Non, petite sœur, il ne reviendra plus...

— Eh bien, j'en suis contente, moi... — reprit l'enfant.

— Pourquoi donc ?

— Je ne l'aime pas, M. Vogel, tu sais...

— Il ne t'a rien fait cependant...

— Rien du tout et j'ai tort, mais que veux-tu, c'est plus fort que moi... Ses yeux me font peur... — J'aime beaucoup l'autre au contraire... Celui qui est venu hier, tu sais bien... celui qui a des petites moustaches et un si joli nom...

— M. de Rochegude... — balbutia la jeune fille.

— Oui, M. de Rochegude... — il reviendra celui-là, n'est-ce pas ?...

Valentine baissa de nouveau la tête, sans répondre.

Les paroles du caissier portaient leurs fruits amers.

Le doute et la défiance grandissaient dans l'esprit de l'orpheline.

Décidément Hermann Vogel était un habile homme !...

La voiture, prise à l'heure, attendait dans la rue Mozart, près de la porte de l'enclos.

Le caissier de la maison Jacques Lefebvre y monta, et donna l'ordre de le conduire au boulevard de Clichy.

— D'où nous venons ! — s'écria le cocher avec un juron. — Tonnerre du diable ! En voilà des rubans de queue !... Si Coco ne crève pas en route, pauvre bête, il aura de la chance !... Hue, Coco !...

Et le fiacre roula, tandis que l'infortuné Coco reprenait dans les brancards son trot piteux et saccadé.

Vogel, très-satisfait d'avoir posé un premier et indispensable jalon en excitant la défiance de Valentine à l'endroit de M. de Rochegude, gravit rapidement les nombreuses marches qui le séparaient du logis de Charles Laurent.

— C'est fini... — dit le pseudo-comte de Lorbac en ouvrant la porte au visiteur et en l'introduisant dans la pièce qui renfermait son matériel de faussaire émérite, — et je crois que vous serez content de la besogne... — Parole d'honneur, c'est soigné et réussi !...

— Voyons... — répliqua le caissier.

Charles Laurent lui tendit une feuille de papier satiné sur laquelle la courte lettre résultant de la collaboration de Roch, de Fumel et d'Hermann, était copiée de la plus jolie et de la plus aristocratique écriture de femme qu'il fût possible d'imaginer.

— Eh bien ? — demanda l'habile gredin.

— C'est irréprochable... — répondit Vogel.

— Alors, mes vingt-cinq louis ?

— Les voici. — L'enveloppe est-elle prête ?

— Oui, et l'adresse écrite; — il ne reste qu'à la fermer...

— Il faudrait de la cire d'un bleu tendre et l'un de ces cachets à devises un peu niaises dont les jeunes filles se servent volontiers...

— J'ai de la cire de toutes les couleurs, — répliqua Charles Laurent, — et, quant au cachet, nous avons mieux que des devises de pensionnaires... — Regardez ceci...

Et il présentait au caissier, sur un carré de papier blanc, une empreinte de cire rouge offrant les initiales de mademoiselle de Cernay, un V et un C délicatement entrelacés.

Vogel fit un geste de surprise.

— De quelle façon vous êtes-vous procuré un cachet à ces chiffres ? — s'écria-t-il.

— J'ai pensé que vous auriez besoin des initiales en question, — répliqua Charles Laurent, — et j'ai fabriqué le cachet avec de la mie de pain... — Vous voyez que ça donne un fort bon résultat, et, soyez paisible, je ne vous demanderai aucun supplément pour ça, bien convaincu qu'un jour ou l'autre vous saurez reconnaître la noblesse de mes procédés...

Cinq minutes plus tard le caissier quittait le boulevard de Clichy, emportant dans son portefeuille la lettre bien et dûment cachetée.

Au grand étonnement du père Rémy, le concierge de la rue de la Pépinière, habitué aux allures ultrafantaisistes de son locataire, Hermann rentra chez lui vers dix heures du soir et se mit au lit.

Notre respect pour la vérité nous force d'ailleurs à convenir qu'il ne dormit guère, préoccupé comme il l'était de la grave démarche que le lendemain matin il faudrait accomplir et qui, selon toute vraisemblance, se terminerait par une provocation, car il semblait bien difficile d'admettre qu'un lieutenant de hussards, un jeune homme, un gentilhomme, éperdument épris, consentît paisiblement à battre en retraite et à s'effacer pour laisser la place libre à un rival plus heureux.

Cependant, vaincu par la fatigue, Vogel ferma les yeux vers quatre heures du matin, et fit un songe désagréable.

Il rêva que l'épée du comte de Rochegude le clouait contre un tronc d'arbre, et qu'ensuite son adversaire, se servant de lui comme d'une cible dans un tir, lui cassait successivement, à coups de pistolet, les quatre membres, puis la tête.

Le caissier se réveilla baigné d'une sueur froide et tout grelottant d'épouvante.

— Ce rêve est de bien mauvais augure, — pensa-t-il, — mais je n'ai pas le choix des moyens... — Il faut, quand même, aller de l'avant... — Tant pis pour moi si j'y laisse ma peau...

Le jour se levait, terne et blafard.

Vogel sauta en bas de son lit et commença minutieusement sa toilette. — Il était prêt un peu avant huit heures et demie, et sa tenue du matin, d'une correction élégante et sévère à la fois, n'offrait aucune prise à la critique.

Il ouvrit alors sa fenêtre pour crier au concierge:

— Une voiture, s'il vous plaît, père Rémy, et tout de suite...

## XLIII

Au bout de cinq minutes le portier, dont nous connaissons le zèle surexcité par de nombreuses et larges gratifications, vint triomphalement annoncer à son locataire qu'un coupé de régie l'attendait.

— Avenue des Champs-Élysées, numéro 70... — dit Vogel en montant dans ce coupé.

A neuf heures précises, il descendait de voiture en face de l'hôtel Rochegude, traversait la contre-allée et sonnait à la porte qui lui fut ouverte aussitôt.

Comme il pénétrait dans la cour d'honneur encadrée par le corps de logis principal et par deux pavillons, un concierge majestueux, ayant les allures d'un suisse de cathédrale et d'un huissier de ministère, apparut sur le seuil d'une vaste loge meublée comme le salon d'un riche bourgeois, et voyant un jeune homme qu'il ne connaissait pas, mais de bonne mine et vêtu avec élégance, demanda, en daignant ébaucher un salut :

— Monsieur désire?...

— Je désire voir M. le comte de Rochegude... — répondit Vogel.

— Monsieur a-t-il un rendez-vous de M. le comte?

— Non.

Un vague sourire se dessina sur la face large et soigneusement rasée du concierge.

— Alors, — dit-il, — je crois que monsieur fera bien de revenir un peu plus tard. — M. le comte ne reçoit jamais avant déjeuner, et il ne déjeune qu'à onze heures... C'est la règle...

— Toute règle comporte des exceptions, — répliqua le caissier en tirant son portefeuille, — M. de Rochegude me recevra certainement.

— J'en doute un peu...

— Et moi j'en suis sûr... — Faites-lui passer ma carte, je vous prie...

Ces paroles dites d'un ton d'autorité qui ne souffrait pas de réplique en imposèrent à l'homme important.

Il fit résonner deux fois de suite un timbre, et presque aussitôt un valet de chambre vêtu de noir se montra sur la plus haute marche de l'escalier du pavillon de gauche que Lionel habitait.

Ce domestique eut peine à contenir un léger tressaillement à la vue du caissier qu'il avait épié à Passy quelques jours auparavant, par ordre de son maître, et qu'il reconnaissait; mais il sut conserver, du moins en apparence, un flegme tout britannique, et, s'adressant au concierge, il demanda :

— Qu'est-ce?

— Une carte pour monsieur le comte...

— Donnez...

— C'est la carte de monsieur, et monsieur attend...

— Offrez un siége à monsieur, je reviens...

Et le valet de chambre regagna le pavillon, laissant le visiteur matinal maître d'attendre sur ses jambes dans la cour, ou de s'asseoir chez le concierge.

Hermann ne prit point ce dernier parti et resta debout.

Lionel, à demi étendu sur un large fauteuil de sa chambre à coucher, près d'une fenêtre entr'ouverte, fumait une pipe turque à long tuyau et lisait un journal, ou du moins le tenait déployé sur ses genoux, mais son esprit, tout à Valentine, était bien loin de la politique et des faits divers.

Le valet entra vivement, portant la carte sur un plateau de vermeil, et dès le seuil, au mépris de l'étiquette dont il était le rigide observateur, il dit d'un air presqu'effaré :

— Ah ! monsieur le comte...

— Qu'y a-t-il ? — demanda le jeune homme étonné.

— Monsieur le comte, il est en bas... il attend...

— Qui donc ?

Pour toute réponse le valet de chambre présenta le plateau.

Lionel prit la carte et tressaillit à son tour...

— *Hermann Vogel!!* — s'écria-t-il.

— Lui-même... désirant être reçu par monsieur le comte...

Pendant quelques secondes un trouble extrême, une confusion inouïe, se produisirent dans le cerveau du lieutenant de hussards...

La visite du caissier de Jacques Lefebvre était pour lui un événement considérable et inexplicable.

Il se trouvait en présence d'un problème insoluble...

Comment Hermann Vogel le connaissait-il ? — Pour quelle raison et sous quel prétexte osait-il se présenter à l'hôtel Rochegude ?...

Une seule personne, — Valentine, — pouvait créer un point de contact entre deux hommes placés dans des conditions si différentes. — L'avait-elle fait ? —

Avait-elle parlé de Lionel à Hermann, ce personnage louche et suspect?

Le jeune officier se posait ces questions et, ne pouvant y répondre, se perdait dans un dédale inextricable de conjectures.

Enfin il reconquit un peu de sang-froid.

Assurément la démarche incompréhensible du caissier semblait un incident fâcheux et ne présageait rien du bon, mais avant tout il fallait savoir, et Lionel se sentait pris d'une curiosité égale à son inquiétude.

— Où est ce monsieur? — demanda-t-il.

— Dans la cour ou dans la loge du concierge... — répondit le domestique.

— Conduisez-le dans mon fumoir, et priez-le de m'excuser si je le fais attendre un instant...

— Bien, monsieur le comte.

Le valet de chambre redescendit et fit franchir à Hermann Vogel le seuil du pavillon.

Ce pavillon était un véritable petit hôtel, très-complet, très-confortable, très-bien distribué, et tout à fait indépendant du principal corps de logis avec lequel il communiquait par une galerie.

Un jeune ménage pouvait y vivre absolument chez lui, sans avoir à redouter la surveillance parfois gênante et le contrôle incessant des grands parents.

Le premier étage se composait d'un salon assez vaste, d'un autre plus petit, servant de fumoir et parfois de salle d'armes, d'un cabinet de travail, de deux chambres à coucher avec leurs cabinets de toilette, et d'une bibliothèque.

Hermann Vogel fut introduit dans le petit salon par le domestique qui répéta textuellement la phrase de son maître :

— M. le comte prie monsieur de l'excuser s'il le fait attendre un instant.

Le caissier, resté seul, promena ses regards autour de lui.

La pièce de moyenne grandeur dans laquelle il se trouvait était décorée de façon très-simple.

Des nattes indiennes aux couleurs vives revêtaient les murailles.

Sur ces nattes on voyait des portraits de chevaux de course et de chasse, dans des cadres d'ébène rehaussés d'un filet d'or mat.

Aux deux extrémités, et se faisant face, des panoplies composées de fusils, de pistolets, de revolvers, d'épées et de fleurets ; — un arsenal complet de chasse, de guerre et de duel.

Un large divan recouvert en maroquin fauve du Levant, quelques fauteuils profonds et bas, et une sorte de vaste chiffonnier en ébène dont les innombrables tiroirs renfermaient toutes les variétés de cigares des grandes marques de la Havane, composaient l'ameublement.

Le parquet disparaissait sous un tapis de Smyrne, des mêmes tons brillants que les tentures.

Hermann Vogel, en regardant les panoplies, se rappela son rêve ; ses yeux cherchèrent machinalement celle de ces épées qui devait lui traverser le corps, celui de ces pistolets qui devait lui casser les membres et lui trouer le crâne... — Un petit frisson courut sur sa chair, mais il se dompta, il contraignit ses lèvres à sourire ironiquement, et il murmura :

— Tout songe est mensonge! — dit un vieux proverbe ; — Si nous allons sur le terrain, le vieux proverbe aura raison...

Lionel de Rochegude avait demandé quelques instants pour modifier sa toilette, ne voulant pas se présenter en chemise de foulard, en veston et en pantalon de flanelle à un homme qui venait chez lui pour la première fois, et qui sans doute y venait en ennemi.

Sept ou huit minutes lui suffirent pour compléter une tenue très-correcte: pantalon gris poussière, gilet pareil et jaquette noire.

Cette métamorphose achevée, le comte se regarda dans une glace.

4.

Son visage, plus pâle que de coutume, n'avait point son expression habituelle de bienveillance. — Son regard froid était presque dur.

D'un mouvement rapide et nerveux il retroussa les pointes de ses longues et fines moustaches, puis, traversant la bibliothèque, il ouvrit la porte du petit salon.

Le comte Lionel de Rochegude et le caissier Hermann Vogel se trouvèrent en face l'un de l'autre...

## XLIV

Tout en venant de sa chambre au petit salon où l'attendait Vogel, M. de Rochegude s'était tracé un plan de conduite, en d'autres termes il avait ébauché le scénario de son entretien avec le visiteur matinal.

En franchissant le seuil il salua, mais jamais acte de politesse banale ne fut accompli d'une façon plus glaciale et plus hautaine.

La physionomie fausse du caissier inspirait à Lionel une répulsion insurmontable, — que d'ailleurs il ne cherchait point à surmonter.

Hermann rendit le salut avec une roideur qui ne le cédait en rien à celle de son hôte.

Pendant quelques secondes les jeunes gens s'examinèrent sans échanger une parole.

Chacun d'eux semblait attendre que l'autre parlât le premier.

Ce silence devenait embarrassant.

M. de Rochegude le rompit.

De la main gauche il tenait la carte que son valet de chambre lui avait remise.

Il prit son lorgnon, parut étudier les caractères imprimés sur cette carte, et dit :

— C'est bien M. Hermann Vogel que j'ai le plaisir inattendu de recevoir chez moi?

— Oui, monsieur le comte...

— Caissier de la maison de banque Jacques Lefebvre et C$^{ie}$? — poursuivit l'officier.

— Oui, monsieur le comte...

— Alors je vous serai reconnaissant de vouloir m'apprendre à quelle circonstance je dois attribuer votre visite, car je ne suis point en relations d'affaires avec la maison Jacques Lefebvre et, jusqu'à tout à l'heure, votre nom, monsieur, m'était absolument inconnu...

— Croyez-vous cela, monsieur le comte? — demanda le caissier.

— Certes, je le crois! — répliqua Lionel.

— Eh bien! monsieur, vous vous trompez.

— Vous dites? — fit le lieutenant avec hauteur.

— Je dis que mon nom vous est moins inconnu que

vous ne pensez... — Non-seulement vous l'avez prononcé plus d'une fois, mais vous l'écriviez hier encore...

Lionel devint pourpre et s'écria :

— Ah çà, mais il me semble que vous me donnez un démenti !!

— En aucune façon !... — Je cherche à rafraîchir votre mémoire, voilà tout...

— Enfin, monsieur, — reprit le comte avec impatience, — il importe peu que je connaisse ou que j'ignore votre nom... — Vous avez sollicité une entrevue... — Je l'ai accordée... — Que me voulez-vous ?..

— Je veux vous donner une lettre dont je me suis chargé pour avoir la certitude absolue qu'elle arriverait droit dans vos mains...

— Une lettre de qui ? — murmura Lionel qui se sentit mordu au cœur par une sérieuse angoisse.

— Ne le devinez-vous point ?

— Qu'importe ? — Répondez !...

— Une lettre de mademoiselle Valentine de Cernay...

Lionel devint pâle.

Ses pressentiments fâcheux n'étaient que trop fondés, il le comprenait. — Une effrayante catastrophe menaçait son amour.

— Mademoiselle de Cernay m'écrit ?.. — balbutia-t-il avec épouvante.

— C'est-à-dire qu'elle vous répond, puisque vous lui aviez écrit hier...

— Comment le savez-vous?...

— La lettre que j'apporte vous l'apprendra...

— Donnez donc!!...

Hermann ouvrit son portefeuille.

Il en tira l'épître rédigée par Roch et Fumel et copiée par Charles Laurent, et il la présenta au jeune comte.

Ce dernier sentit une défaillance s'emparer de lui; un nuage passa sur ses yeux, mais il réagit contre la défaillance, il chassa le nuage, et, prenant l'enveloppe d'une main qui tremblait malgré lui, il regarda avec une émotion profonde, avec un attendrissement douloureux, cette élégante et fine écriture féminine qu'il voyait en ce moment pour la première fois, et ce petit cachet de cire bleue portant l'empreinte des initiales de Valentine.

Comme il s'absorbait dans cette contemplation, Hermann, pressé par le temps, et voulant d'ailleurs en finir, lui dit:

— Lisez, monsieur, je vous en prie...

Lionel rompit le cachet, tira la lettre de l'enveloppe et se retourna pour la lire, car il se défiait de son courage et ne voulait pas que son rival pût deviner d'après l'expression de sa figure ce qui se passait dans son âme.

Mais il avait compté sans une grande glace occupant le panneau auquel il faisait face et réflétant ses traits. — Or, à mesure qu'il dévorait la missive apocryphe, Vogel voyait avec une joie cruelle son visage se décomposer de plus en plus.

Quand M. de Rochegude eut achevé, sa pâleur devenue livide lui donnait l'air d'un spectre.

Ses lèvres même étaient blanches et ses paupières battaient sur ses prunelles dilatées.

Hermann attendit une demi-minute, puis il dit:

— Vous avez lu, monsieur le comte ?...

Lionel, anéanti par le coup de foudre de cette effroyable déception, ne se souvenait même pas de la présence du caissier.

La voix d'Hermann le fit tressaillir.

Il se retourna, pris d'une colère sourde et prêt à la faire éclater sur celui qui la provoquait.

— Oui, — fit-il d'une voix railleuse et saccadée, — j'ai lu !! — Ah! c'est un congé bien en règle et donné nettement ! — Tudieu ! mademoiselle Valentine n'y va pas de main morte et formule de façon carrée !... Point d'ambiguïtés, point d'ambages !.. — Elle me faisait l'honneur hier d'agréer ma recherche... — Aujourd'hui c'est vous qui tenez la corde, et je suis consigné... — C'est au mieux !! C'est parfait !! Bravo !!

Et le comte eut un éclat de rire singulier.

— Que dirai-je à mademoiselle de Cernay relativement à l'accueil fait à sa lettre ?... — demanda froidement Vogel.

— Vous lui direz qn'étant maîtresse sans contrôle de son cœur et de sa personne, elle a l'indiscutable droit d'en disposer pour qui bon lui semble, et même de faire un choix ridicule... — Vous lui direz que j'accepte son arrêt et qu'elle ne doit pas craindre d'amoureuses poursuites qui pourraient amener entre nous quelque nouveau *malentendu*... — l'expression n'est pas de moi et, parole d'honneur, je la trouve impayable !... — Vous ajouterez, s'il vous plaît, quant à la lettre elle-même, que j'en apprécie fort le style, coloré, nerveux et concis, mais que, lorsqu'une femme écrit certaines choses désobligeantes à un galant homme, elle ne les lui fait point remettre par celui qui les a dictées...

Hermann tressaillit.

— Je ne vous comprends pas... — dit-il.

Lionel eut un second éclat de rire, plus faux encore et plus discordant que le premier.

— Vous me comprenez à merveille, au contraire !.. — répliqua-t-il en s'animant davantage à chaque parole. — Vous savez quelle était mon opinion sur votre compte, puisque j'exprimais cette opinion dans une lettre que vous avez lue... — Elle est toujours la même... — Il suffit de vous voir une fois pour vous connaître et pour vous juger... — Vous êtes un être fourbe et rampant, un hypocrite, un homme à deux visages... — Obéissant à des motifs louches que j'ignore, et par la ruse et le mensonge, vous vous êtes emparé du faible esprit d'une jeune fille... — Je ne lutterai pas contre vous pour reconquérir cette enfant... — Le cœur qui vous a préféré, ne fût-ce qu'une minute, est indigne de moi... — Mais vous ne jouirez point en paix de votre victoire effrontée... J'accepte la défaite, je n'accepte pas l'insolence... — C'est par vous et pour vous que mademoiselle de Cernay me ferme son cœur, et vous venez comme un huissier, parlant à ma personne, me signifier l'arrêt d'expulsion! — Allons donc!... — C'est le procédé du cuistre, cela!... C'est d'une insoutenable impudence !! — Monsieur Hermann Vogel, vous êtes un drôle !!

— Vous m'insultez, monsieur !! — s'écria le caissier en perdant son sang-froid.

— Parbleu, je l'espère bien, que je vous insulte!...

— Vous m'en rendrez raison !...

— Quand vous voudrez !... Comme vous voudrez!... Où vous voudrez...

— Je suis l'offensé... — reprit Hermann. — J'ai le choix des armes... Je choisis le pistolet...

## XLV

En entendant Hermann s'écrier : — *J'ai le choix des armes... je choisis le pistolet!*... Monsieur de Rochegude haussa les épaules.

— Pourquoi diable me dites-vous ces choses, monsieur Vogel? — demanda-t-il d'un ton ironique. — Vos préférences ne me regardent pas du tout... C'est l'affaire de vos témoins qui s'entendront à ce sujet avec les miens... Car vous savez, du moins je l'espère, qu'il faut m'envoyer des témoins...

— Ils seront chez vous dans l'après-midi... De quatre à cinq heures si vous le voulez... — répliqua le caissier.

— Très-bien... — Ils trouveront à qui parler, car j'aurai prévenu deux amis...

— Nous n'avons plus rien à nous dire... Monsieur le comte, j'ai l'honneur de vous saluer...

Lionel se calma tout à coup.

Le rival qu'il venait de traiter avec un si parfait dédain devenait un adversaire qu'il tuerait le lendemain peut-être, ou par qui il serait tué.

Ceci modifiait entièrement la situation, et le jeune comte reprit à l'instant sa politesse de gentleman ; il répondit par le salut le plus courtois aux dernières paroles du caissier qu'il voulut reconduire jusqu'à la porte extérieure du pavillon.

Lorsque cette porte se fut refermée, M. de Rochegude regagna sa chambre à coucher et se laissa tomber sur un siége, la tête basse, les bras inertes, dans l'attitude abandonnée d'un homme anéanti.

Le regard sombre de ses yeux fixes, le pli profond qui se creusait entre ses sourcils, la pâleur de son visage contracté, exprimaient un découragement immense, une incommensurable amertume, une véritable agonie morale.

Il venait de recevoir un coup d'autant plus rude qu'il était inattendu, et maintenant, seul avec ses pensées noires, il ployait sous ce coup comme le bœuf sous la masse du boucher.

Valentine de Cernay, la seule femme qui lui eût inspiré une passion ardente, infinie, prête à tous les dévouements, à tous les sacrifices ; Valentine à laquelle il offrait le plus éblouissant avenir qu'une fille d'Ève ambitieuse ait jamais pû rêver, un grand nom, un beau titre, une fortune immense et l'amour ; Valentine dédaignait et repoussait ces choses, et, mise en demeure de se prononcer entre le comte de Rochegude et le caissier Hermann Vogel, choisissait le caissier que, la veille encore, elle paraissait ne point aimer...

C'était inexplicable, invraisemblable, à peu près incroyable, et cependant c'était positif...

Lionel en tenait dans ses mains la preuve matérielle !... Le moyen, en effet, de s'inscrire en faux contre la lettre de Valentine ?

La supposition d'une contrainte morale imposée à la jeune fille ne se pouvait admettre sans absurdité, donc, librement, elle avait communiqué à Vogel la lettre du comte, librement elle avait écrit la réponse et chargé le caissier de la faire parvenir à son adresse...

A la profonde douleur de Lionel se joignait une cuisante blessure d'amour-propre...

Non-seulement mademoiselle de Cernay se refusait à lui, mais encore elle l'humiliait par le choix du rival à qui elle allait appartenir...

— Ah ! que je le hais, cet Hermann !... — murmura tout à coup le comte en relevant la tête avec un geste de menace. — Et comme avec bonheur je le tuerai demain !

L'éclair du regard s'éteignit. — La tête se pencha de nouveau.

— Et puis après ? — poursuivit Lionel. — Si la chance est pour moi, en serai-je plus heureux quand j'aurai tué cet homme ?... — Irai-je de nouveau m'offrir à Valentine et mendier un peu d'amour ? — Jamais !... — Que puis-je attendre et que puis-je espérer ? — La vie ne me garde plus rien... Quand mon cœur cessera de souffrir, c'est qu'il aura cessé de battre... — Il vaudrait mieux en finir tout de suite... — Le caissier Vogel, en me tuant, me rendrait un fameux service...

M. de Rochegude se disait ces choses avec une conviction absolue.

Comme tous les amoureux bien épris dont une déception brise le cœur, il croyait sincèrement sa blessure incurable, et trouvait une sorte de volupté farouche à s'absorber dans sa douleur, à retourner le fer dans la plaie.

Hermann Vogel regagna la voiture qui l'attendait à la porte de l'hôtel Rochegude, et donna l'ordre de le conduire au n° 21 de la rue Saint-Lazare où se trouvait le siége de la maison de banque Jacques Lefebvre.

Chemin faisant, il se disait :

— Positivement c'était ma destinée de me battre avec cet insolent gentilhomme!! — Quelle hauteur! quelle impertinence!... — Ah! que je lui logerais de grand cœur une balle entre les deux yeux, pour le punir de son dédain!! — Ce n'est plus seulement un obstacle, ce comte!... Depuis tout à l'heure, c'est un ennemi!... — La première insulte est venue de lui, sans qu'une seule parole agressive eût été prononcée par moi... — Mon étoile a voulu cela, puisque le choix des armes en résulte, et qu'au pistolet la partie sera plus égale qu'à l'épée!... — Partie dangereuse à coup sûr, mais le splendide enjeu vaut la peine de risquer sa peau... — Si je tue M. de Rochegude, je tiens Valentine et ses prochains millions... — Si je suis tué, c'est un dénouement...

La voiture s'arrêta.

On était arrivé rue Saint-Lazare.

Vogel tira sa montre.

Elle marquait dix heures un quart.

— Je suis en retard d'un quart d'heure... — murmura-t-il. — On suppose peut-être dans les bureaux que j'ai pris, hier soir, le train des caissiers, et que je déjeune à Bruxelles...

— Bourgeois, me gardez-vous ? — demanda le cocher.

— Oui... — répondit Hermann en entrant dans la maison.

Il alla droit au cabinet de Jacques Lefebvre qui, voyant en lui le parfait modèle des employés passés, présents et à venir, l'accueillit avec sa bienveillance habituelle.

— Monsieur et cher patron, — lui dit le jeune homme — pour la première fois depuis que j'ai l'honneur de posséder votre confiance, je sollicite un congé de quelques heures... — Il s'agit d'une affaire personnelle très-urgente et très-importante... — Ce n'est point jour d'échéance ; mes fonctions aujourd'hui sont presque une sinécure, et, si vous le trouvez bon, je remettrai au fondé de pouvoir la clef de ma caisse en le priant de me remplacer jusqu'à ce soir...

— C'est entendu, — répliqua le banquier, — vous êtes libre...

— Que de reconnaissance !...

— Ne me remerciez pas... — Je suis content de vous être agréable, et j'espère bien que l'affaire dont vous me parlez et qui nécessite votre présence immédiate n'a rien de fâcheux...

— Rien absolument... au contraire...

— Tant mieux alors... — Allez, mon cher Vogel... A demain... — Le fondé de pouvoir me remettra la clef de la caisse à l'heure de la fermeture des bureaux...

Hermann installa son remplaçant derrière le grillage, sur le fauteuil de maroquin vert où d'habitude il trônait lui-même, rejoignit sa voiture, donna l'adresse de la rue Montmartre, descendit, paya le cocher et monta rapidement à l'agence Roch et Fumel.

Maître Roch avait du monde, mais le petit vieillard chétif de l'antichambre alla le prévenir tout bas que M. Vogel attendait.

L'homme de loi expédia bride abattue ses clients d'occasion et vint en personne chercher le caissier à la porte dérobée du cabinet d'affaires.

— Entrez vite! — lui dit-il.

Puis, aussitôt qu'ils furent en tête à tête, il ajouta:

— Je ne comptais pas vous voir ce matin. — J'attendais un mot de vous...

— J'ai préféré venir...

— Mais votre caisse?

— Mon patron m'a autorisé à me faire remplacer aujourd'hui.

— Il y a donc du nouveau et du nouveau de grande importance?

— Oui,

— Vous avez vu M. de Rochegude?

— Je sors de son hôtel.

— Vous lui avez remis la lettre?

— Je n'allais chez lui que pour cela...

— Quel effet a produit notre épître sur l'amoureux jeune homme?

— L'effet d'un obus au picrate éclatant dans un salon...

— Le comte a mal pris la chose?...

— On ne peut pas plus mal...

— Il est furieux?...

— Un tigre déchaîné!.. Il a passé sur moi son accès de colère et m'a dit des choses fort dures...

— Alors, saisissant la balle au bond, vous avez profité de son intempérance de langage pour le provoquer?...

— Je n'en ai pas eu besoin, la provocation est venue de lui...

## XLVI

— Le comte de Rochegude vous a provoqué !! — s'écria maître Roch.

— Il m'a du moins insulté, ce qui revient au même... — répliqua Vogel.

— Bravo !... De cette façon vous avez le choix des armes...

— Naturellement.

— Et vous choisissez le pistolet, d'où résulte pour vous un notable avantage puisque vous tirez bien...

— C'est d'un heureux augure...

— Je l'espère...

— Quand vous battrez-vous?

— Demain...

— En quel endroit et à quelle heure?...

— Je ne sais encore... — Ce sont des choses à régler entre mes témoins et ceux du comte, et voilà justement pourquoi je suis venu... — Il me faut des témoins, et je n'en ai pas...

— Comment cela?...

— C'est bien simple... — Impossible de recourir aux gens qui voient en moi le baron de Précy... Or les amis, ou plutôt les connaissances du caissier Vogel, appartiennent à un monde où l'on ne se bat guère en duel, et seraient fort en peine de régler une affaire d'honneur... Il faudrait, en outre, donner des explications sans fin, ce que je tiens à éviter...

— Bref, vous avez compté sur moi pour vous procurer les témoins qui vous manquent?

— Oui.

— Je mets à votre disposition un ex-officier en retraite à qui j'ai rendu des services... — Je vais vous donner un mot pour lui... — C'est un homme sérieux et discret qui, sur ma demande, marchera sans faire une question... — il se nomme Aubertin, il est décoré et demeure à deux pas d'ici, rue de la Grange-Batelière...

— Cela fait un témoin parfait...— Quel sera le second?

— Votre ami Charles Laurent...

— Ce gredin!... — murmura Vogel avec une grimace significative.

L'homme de loi se mit à rire et répondit :

— Ce gredin est votre associé... — Il a fort grand air quand il le veut, malgré sa physionomie de viveur éreinté... — il se présentera sous le nom de comte de Lorbac, ce qui sera d'un excellent effet... — M. de Rochegude, je vous l'affirme, ne songera point à discuter ses titres de noblesse... — Je n'ai d'ailleurs rien de mieux à vous offrir...

— Soit... — Je m'arrangerai de Laurent... J'irai chez lui aussitôt après avoir vu votre capitaine... — Donnez-moi ma lettre d'introduction...

Fumel se mit à son bureau et écrivit quelques lignes qu'il tendit à Vogel.

— Autre chose... — fit ce dernier. — Il faut tout prévoir... Si le comte de Rochegude allait rôder aujourd'hui du côté de la rue Mozart, et s'il rencontrait Valentine, une explication aurait lieu et nos beaux projets s'écrouleraient comme de fragiles châteaux de cartes... — Voyez-vous un moyen d'éviter ce péril?...

— Aucun : mais, à vrai dire, le danger dont il s'agit ne me paraît pas fort à craindre...— Après le congé net et sommaire qu'il a reçu, le jeune comte, blessé au vif dans son orgueil, ne songe certainement pas à revoir la péronnelle qui le dédaigne... — D'ailleurs, aujourd'hui, le temps lui manque... — Il faut qu'il confère avec ses témoins... — Il faut qu'il attende les vôtres... — Il faut qu'il règle certaines affaires, comme on le fait toujours à la veille d'un duel dont on peut ne pas revenir... — Donc, cher client, chassez toute inquiétude... — Pour vous rassurer absolument, je vais expédier Sta-Pi là-bas... — Il surveillera l'enclos et, si le comte avait paru, il nous le dirait...

Le caissier, en quittant maître Roch, se rendit rue de la Grange-Batelière chez M. Aubertin, et l'ancien capitaine, — (ainsi que l'avait prévu l'homme de loi), — se mit de fort bonne grâce à ses ordres sans demander la moindre explication, et promit de se trouver à trois heures au café Riche, où Vogel lui présenterait son second témoin, le pseudo-comte de Lorbac.

Ce dernier accepta joyeusement la mission de confiance dont son associé le jugeait digne et promit d'avoir une tenue au-dessus de tout éloge.

A l'heure convenue, les trois hommes se rencontrèrent au rendez-vous indiqué.

Charles Laurent, mis avec une irréprochable élégance, avait vraiment l'air d'un gentleman un peu ravagé par les fatigues de la vie de plaisir. — La rosette multicolore d'ordres étrangers qui fleurissait à sa boutonnière était l'unique concession qu'il eût cru devoir faire à ses instincts et à ses habitudes de chevalier d'industrie ; mais, à coup sûr, M. de Rochegude ne discuterait pas plus les couleurs de sa rosette que son nom de Lorbac et son titre de comte.

Il fut convenu que les témoins, usant de leur droit strict, réclameraient le pistolet et demanderaient en outre que le duel eût lieu à huit heures du matin et non loin de Paris, Hermann Vogel devant — (s'il n'était pas tué ou blessé), — se trouver à sa maison de banque à dix heures au plus tard.

Ces questions réglées, l'ancien capitaine et Charles Laurent montèrent en voiture et se firent conduire à l'hôtel de Rochegude.

Le caissier les attendait au café où la conférence venait d'avoir lieu.

Vers cinq heures et quart les deux hommes reparurent.

— Eh bien ? — demanda Vogel.

— Eh bien, mon cher, nous avons religieusement suivi vos instructions et tout est convenu... — Le duel aura lieu demain à huit heures précises, sur la lisière du bois de Boulogne, dans une allée toujours déserte le matin et qui longe la propriété du baron de Rothschild... Je connais l'endroit... — Vous vous battrez à trente pas, avec des pistolets de tir... —

Deux balles seulement seront échangées de part et d'autre... — Le comte aura ses pistolets et vous aurez les vôtres... — Le sort décidera sur le terrain de quelles armes on se servira...

— Je n'ai pas de pistolets de tir... — dit Vogel.

— J'en ai, moi... — répliqua Charles Laurent. — Je les apporterai...

Il fut arrêté que le lendemain matin, à sept heures, Vogel et le pseudo-Lorbac, munis d'un landau de louage, prendraient chez lui M. Aubertin, et, après un échange de poignées de mains chaleureuses, l'ancien capitaine s'en alla à ses affaires.

Dès qu'il se fut éloigné, Charles Laurent prit le caissier par le bras, et lui dit en l'entraînant vers un fiacre.

— Vite en voiture! — Il n'y a pas une minute à perdre!

— Où me menez-vous donc?

— Chez moi d'abord, puis au tir de Gastine-Renette, avenue d'Antin, pendant qu'il fait encore grand jour...

— Au tir? Pourquoi faire?... — Je n'ai pas besoin de m'exercer... — Je suis sûr de ma main...

Au lieu de répondre à cette question, le comte apocryphe demanda:

— Mon cher, que donneriez-vous à quelqu'un qui

vous rendrait absolument maître de la vie de votre adversaire, en vous mettant vous-même à l'abri de tout danger?

— Eh! — s'écria Vogel. — Vous savez bien que c'est impossible!...

— Supposons que ce soit possible...

— Je donnerais beaucoup, parbleu!!

— Iriez-vous bien jusqu'à dix-mille francs?

— Certes !

— Eh bien je vous vends, moyennant dix mille francs, non-seulement votre salut mais la certitude d'abattre le Rochegude comme un lapin, si vous en avez la fantaisie...

Vogel regarda bien en face son interlocuteur pour s'assurer qu'il ne plaisantait point; Charles Laurent lui parut très-sérieux.

— Je ne comprends pas du tout... — reprit-il alors, — comment feriez-vous ce que vous dites?

— Expliquons-nous... — continua le pseudo-Lorbac. — Je ne suis nullement sorcier et ne prétends en aucune façon disposer du hasard... — Si le sort décide qu'on se servira des armes de M. de Rochegude, je ne puis rien... — Si, au contraire, on fait usage de mes pistolets, je peux tout et le marché tient...

— L'énigme se complique...

— Je vous en donnerai le mot tout à l'heure...

Surexcité par l'espérance d'un fort pourboire, le cocher de fiacre avait contraint son cheval à monter au grand trot le raidillon terrible de la rue Blanche.

Il arrêta le malheureux animal boulevard de Clichy, devant la maison qu'habitait Charles Laurent.

— Attendez-moi, — dit ce dernier à Vogel, — je reviens tout de suite...

Au bout de cinq minutes en effet il reparut, portant une boîte de pistolets, et il remonta dans la voiture.

— Avenue d'Antin... Au tir de Gastine-Renette... — cria-t-il au cocher, — et ne ménagez pas votre bête! Je triple le pourboire...

## XLVII

Le cocher fit tourner bride à son cheval. — Le fiacre roula.

Charles Laurent ne disait mot et regardait avec complaisance la boîte d'ébène à filets de cuivre qu'il tenait sur ses genoux.

Une fort belle boîte, positivement.

L'écusson central portait l'initiale : L, surmontée d'une couronne de comte.

— J'attends l'explication promise... — fit Hermann Vogel.

— La voici : — répliqua le chevalier d'industrie. — Entre vous et moi, mon très-cher, tout peut se dire et tout peut s'entendre... — Les périphrases aussi bien que les méandres sont inutiles... — Nous aurions beau nous déguiser en honnêtes gens l'un pour l'autre, nous n'y serions pris ni l'un ni l'autre... — Vous savez à merveille que ma jeunesse fut accidentée et que j'ai fait de nombreux métiers très-médiocrement édifiants... Il faut bien vivre, n'est-ce pas?...

— Oui sans doute... — appuya Vogel.

Charles Laurent reprit :

— Un moment je vécus du jeu... — Je commandais fort adroitement au hasard, et les cartes obéissantes me donnaient d'agréables résultats... — C'était charmant, car j'aime le monde, et les joueurs sont des gens aimables... — J'aurais continué volontiers, sans désirer de plus amples profits, sachant me contenter de peu, malheureusement je fus dénoncé par un *grec* émérite, à qui je faisais concurrence sans le savoir... — On me surveilla, on me pinça en flagrant délit, une *portée* dans la main, une autre dans la manche...
— Impossible de nier...

» Ce fut un gros scandale...

» Il fallut changer de milieu et mettre une corde neuve à mon arc.

» Je modifiai mon nom, je quittai Paris et j'allai passer quelques mois à l'étranger, en Belgique, à Spa.

» Cette année-là, il était de mode parmi les hommes de high-life de se donner rendez-vous au tir au pistolet, et d'engager des sommes importantes sur la réussite plus ou moins complète des cartons.

» J'étais un agréable tireur. — Je réalisais d'abord de jolis bénéfices, puis je rencontrai des tireurs plus forts que moi et je reperdis en deux jours ce que j'avais gagné en un mois.

» L'idée me vint alors que si l'on parvenait à trouver le moyen de *biseauter* des pistolets comme on biseaute des cartes, on deviendrait maître de la situation sans pouvoir être soupçonné...

» Toutes mes facultés s'exaltèrent ; — mon imagination travailla jour et nuit ; — je cherchai... je trouvai...

» Immédiatement je partis pour Liége et je fis exécuter sous mes yeux, par un armurier en renom, les pistolets qui sont dans cette boîte... »

Charles Laurent s'interrompit pour ouvrir la boîte d'ébène à filets de cuivre, prit une des armes qu'elle renfermait, la mit sous les yeux de Vogel et continua :

— Vous le voyez, mon cher ami, ces pistolets d'une élégance sobre n'ont rien qui puisse attirer l'attention... Presque pareils à toutes les armes d'une certaine valeur, ils en diffèrent cependant d'une façon essentielle... — Ce sont des *engins de sorcellerie !* — (comme on aurait dit au moyen âge). — Redoutables dans mes mains, ils seraient inoffensifs dans les vôtres qui n'en connaissent pas le secret...

» Ce secret, grâce auquel je pus engager à coup sûr, et par conséquent gagner, des paris très-sérieux, je vais vous l'apprendre, et vous verrez que mon invention est très-simple comme toutes les inventions de génie...

» L'intérieur du canon, au lieu d'être taraudé régulièrement et de façon mathématiquement perpendiculaire, dévie légèrement, dans le sens de la hauteur, depuis le tonnerre jusqu'à l'embouchure. — Or, cette particularité, insignifiante en apparence et que rien ne décèle à l'extérieur, rend absolument fausses pour tout tireur non initié, les indications du guidon...

» A une distance de dix mètres, le tir se trouve baissé d'environ un mètre...

» Exemple : — Vous vous battez en duel... — Vous êtes à trente pas de votre adversaire... — Vous visez à la tête, et — (notez ce point) — Vous VISEZ JUSTE... — Votre doigt presse la détente... Le coup part, et la balle passe trois pied plus haut que le but qu'elle devait atteindre...

» Comprenez-vous ?...

— A peu près... — répondit le caissier de Jacques Lefebvre — et je comprendrai mieux encore après l'expérience faite...

— Et nous allons la faire de suite... — s'écria Charles Laurent, — nous sommes arrivés...

Le fiacre s'arrêtait devant l'établissement de tir de l'avenue d'Antin.

Charles Laurent fit charger les armes et placer une poupée, puis il mit un des pistolets dans les mains de Vogel.

— Visez la poupée, — lui dit-il — et visez avec soin...

Le jeune Prussien ajusta longuement et pressa la détente.

La balle fit une tache grise sur la plaque noire, à trois pieds au-dessus de la poupée.

— Vous voyez, — murmura le Lorbac de fantaisie, — juste trois pieds !...

— C'est vrai.

— Prenez maintenant l'autre pistolet, calculez votre distance, et tenez compte de l'écart produit par ce que vous savez.

Hermann visa trois pieds plus bas que le point de mire, mais bien en ligne, et fit feu.

La poupée vola en éclats.

— Bravo ! — dit Charles Laurent en battant des mains. — Résultat superbe... — Vous allez bien, vous, mon cher ! — Il n'y a qu'à vous montrer le chemin...

— Nous allons recommencer ça, n'est-pas ?...

Les pistolets furent rechargés quatre fois de suite, et, sur huit balles tirées en quelque sorte *au jugé*, Vogel cassa trois fois la poupée.

Les cinq autres balles ne s'écartèrent de leur objectif que d'un petit nombre de millimètres.

— Parfait! — reprit le chevalier d'industrie. — Vous en savez maintenant aussi long que moi... — Filons...

En fiacre, la conversation continua:

— L'expérience est faite et vous voilà convaincu... — poursuivit le prétendu comte.

— Parfaitement convaincu.

— Alors le marché tient?...

— Oui. — Si demain matin le hasard me favorise et si l'on se sert de vos armes, je vous donnerai dix mille francs...

— Comptant?

— Moitié séance tenante et le reste dans quatre jours... — Je ne pourrais me procurer dix mille francs en vingt-quatre heures...

— C'est entendu... — J'ai confiance... — Tenez-vous fort à tuer le Rochegude?...

— Cela me serait agréable, car ce beau gentleman est d'une intolérable insolence...

— Passez-vous donc cette fantaisie, je n'y vois nul

obstacle... — Souvenez-vous bien des distances et visez le genou pour atteindre la tête...

— Soyez tranquille... — J'ai le compas dans l'œil...
— Où voulez-vous que je vous mène ?...

— Laissez-moi n'importe où sur les boulevards...
— Je ne travaillerai plus aujourd'hui... Je veux flâner un peu et suivre les jolies filles... — Chargez-vous de la boîte qui m'embarrasserait beaucoup... et à demain matin... — Je serai chez vous à sept heures moins dix minutes...

Hermann Vogel se sépara de son complice à la hauteur du perron de Tortoni.

Il porta les pistolets dans son logement de la rue de la Pépinière ; — il passa chez un grand loueur de la rue Basse-du-Rempart et commanda pour le lendemain matin, sept heures moins un quart, un landau à deux chevaux ; — il dîna sommairement, ses préoccupations étant de nature, on le comprend, à chasser l'appétit ; puis il se rendit à l'agence Roch et Fumel.

L'agence était fermée pour le public, mais certains employés y restaient jusqu'à dix heures du soir, et le caissier savait de quelle façon il fallait sonner pour se faire ouvrir.

Il mit l'ex-avoué au courant de ce qui se passait et il apprit de lui que Sta-Pi venait de rentrer, arrivant de Passy.

Lionel de Rochegude n'avait point paru aux environs de la rue Mozart.

Maître Roch, se frottant les mains, dit avec conviction :

— Tout va bien ! ! A nous l'héritière et l'héritage !

## XLVIII

La matinée du lendemain fut admirablement belle.

Le soleil radieux s'était levé dans un ciel pur, annonçant une journée splendide.

Un peu avant sept heures et demie deux voitures qui se suivaient d'assez près, quoique parties de points différents, gagnaient le bois de Boulogne par l'avenue de l'Impératrice, contournaient le premier des deux lacs, suivaient la route ombreuse et pittoresque qui mène à la cascade, traversaient la plaine de Longchamps, longeaient successivement le moulin et les tribunes des courses, côtoyaient la Seine dans la direction de Saint-Cloud et faisaient halte, à cinquante pas l'une de l'autre, près de l'endroit où se trouve aujourd'hui la grille qu'il faut franchir pour aller à Boulogne en suivant le bord de la rivière.

La première de ces voitures était un landau de louage.

La seconde, une calèche découverte remarquablement attelée.

Hermann Vogel, M. Aubertin et Charles Laurent occupaient l'intérieur du landau.

La calèche avait amené Lionel de Rochegude, deux jeunes officiers de ses amis, le baron de Croixmore et le vicomte de Gillon, et, en outre, un chirurgien militaire fort lié avec ces messieurs.

Tout ce monde mit pied à terre...

Les deux groupes se saluèrent de loin puis, conservant leur distance, s'engagèrent dans l'allée droite plantée de catalpas qui s'étend entre la plaine de Longchamps et le parc du baron de Rothschild.

Ni la grille, ni le poste des douaniers n'existaient à cette époque.

Non-seulement l'allée droite, mais la route conduisant d'un côté au pont de Saint-Cloud et de l'autre au pont de Neuilly étaient complétement désertes.

De quelque côté que le regard se portât, solitude absolue.

Les trains du chemin de fer de Versailles passant à mi-hauteur des coteaux de Suresnes et du Mont-

Valérien, sous leur panache de fumée blanche, animaient le paysage, conjointement avec un remorqueur peint en rouge vif qui remontait la rivière à grand renfort de vapeur, traînant derrière lui tout un convoi de gros bateaux lourdement chargés.

Dans l'épaisse verdure des taillis voisins, de petits oiseaux invisibles chantaient à perdre haleine leurs plus joyeuses chansons.

Rien ne saurait donner une idée du calme profond, de la sérénité merveilleuse de cette matinée d'automne.

On aurait pu se croire à dix lieues de Paris.

Le soleil, émergeant à l'Orient au sommet des collines, éclairait de ses rayons obliques les dessous de l'allée des catalpas où le sang de deux hommes allait peut-être couler.

Le premier groupe s'arrêta et fut presque aussitôt rejoint par le second.

Hermann Vogel et le comte de Rochegude se tenaient un peu à l'écart, comme si les questions qu'il s'agissait de traiter encore ne les intéressaient pas.

Le pseudo-comte de Lorbac et le baron de Croixmore portaient chacun une boîte de pistolets.

Un nouveau salut fut échangé courtoisement entre les témoins des deux parties.

— Messieurs — dit le vicomte de Gillon — nous allons, si vous le voulez bien, tirer au sort lequel des adversaires aura le droit de choisir sa place sur le terrain...

Les témoins de Vogel s'inclinèrent en signe d'adhésion.

Le vicomte prit dans sa poche un écu de cent sous et le jeta en l'air.

— Pile ! — s'écria M. Aubertin, tandis que la pièce tournait.

Quand elle eut touché terre, on s'approcha vivement.

— Il est *face*... — reprit l'ex-capitaine. — Nous avons perdu...

— Maintenant, — continua le vicomte, — tirons de nouveau pour les pistolets...

Cette fois ce fut Charles Laurent qui lança la pièce, avec un très-fort battement de cœur.

— *Face!* — dit le baron de Croixmore.

Tout allait dépendre de la réponse du hasard, la vie de Vogel probablement, et à coup sûr la prime de dix mille francs promise à l'ingénieux inventeur des pistolets *biseautés*.

Aussi ce fut avec un véritable tressaillement de joie que le prétendu Lorbac constata du premier coup d'œil que la pièce offrait aux regards non sa face, mais son revers.

6.

— Cette fois — fit-il — nous avons gagné... — On se servira de nos armes...

Il ajouta :

— La chose d'ailleurs est de peu d'importance... — J'affirme sur l'honneur que M. Vogel n'en a jamais fait usage, et qu'il ne les connaissait même pas...

Il s'approcha d'Hermann, immobile à vingt pas du groupe, et murmura très-bas à son oreille :

— A vous la chance ! — Vous tuerez votre homme... On va se battre avec nos pistolets...

Puis, tout haut, de manière à être entendu des autres témoins :

— Il aurait mieux valu gagner le droit de choisir sa place, mais en somme cet avantage me semble insignifiant... — Le soleil est encore si bas qu'il ne saurait vous gêner beaucoup...

Lionel de Rochegude se plaça naturellement de manière à tourner le dos au soleil levant.

On compta les trente pas.

Hermann prit position à l'endroit désigné.

Charles Laurent et M. de Croixmore chargèrent les armes, et chacun des adversaires reçut un pistolet.

L'un des témoins devait frapper trois coups dans ses mains.

Au troisième coup le comte et le caissier auraient la faculté de tirer, soit ensemble, soit l'un après l'autre.

L'attitude du gentilhomme et celle du Prussien étaient admirablement correctes.

Offrant le corps de profil, de manière à présenter le moins de surface possible à la balle de l'adversaire, ils avaient les coudes au corps et tenaient leurs pistolets droits, les canons levés.

L'un aussi bien que l'autre paraissaient absolument calmes.

Nous croyons superflu d'admirer le sang-froid de Vogel.

L'aimable gredin savait à merveille que la proportion de ses bonnes chances contre les mauvaises était au moins de quatre-vingt dix-neuf contre une.

La scélératesse ingénieuse de Charles Laurent mettait à sa discrétion la vie du comte de Rochegude...

Le combat dans lequel il allait jouer un rôle, ne serait point un duel, mais un assassinat.

Pas un instant l'idée du meurtre si lâche qu'il était près de commettre ne lui causa le moindre trouble.

— Tant pis pour cet homme !... — se disait-il avec une odieuse conviction. — Il n'avait qu'à ne se point trouver sur mon chemin... Et d'ailleurs il m'a provoqué... — Je ne le cherchais pas... — Il est venu... — C'est sa faute et non la mienne !!...

Lionel, lui, véritablement brave et sachant bien qu'une minute plus tard il pouvait être tué, partageait ses dernières pensées entre la comtesse sa mère, dont il était l'unique amour, et l'ingrate Valentine qui venait, en le dédaignant contre toute vraisemblance, de lui causer une si poignante déception, un si incurable découragement...

Une grande, une profonde amertume débordant de son cœur montait à son cerveau, envahissant son être tout entier et lui faisant presque souhaiter la mort, mais rien de ce qui remplissait son âme ne se reflétait sur son visage.

Lionel ressemblait à un volcan couvert de glace...
— Les laves ardentes bouillonnent au fond du cratère dont la neige voile le sommet...

Les témoins avaient pris place sur les deux côtés de l'allée couverte.

Le baron de Croixmore se chargea de donner le signal.

Il frappa une première fois dans ses mains, et en même temps dit à haute voix :

— Un !...

Hermann et Lionel, élevant leurs pistolets perpendiculairement se tinrent prêts à viser.

— Deux !... — fit le baron en frappant le second coup.

Le comte et le caissier abaissèrent horizontalement les canons de leurs armes.

Monsieur de Croixmore, non sans émotion, articula le mot décisif :

— Trois !

Les deux coups de feu éclatant à la fois ne formèrent qu'une détonation...

## XLIX

Le bruit de la double détonation retentissait encore dans les oreilles des quatre témoins, et la fumée de la poudre montait en petits nuages floconneux vers les feuillages des catalpas.

Hermann, immobile, attendait.

Son attente fut courte.

Lionel de Rochegude, lâchant son pistolet, tourna sur lui-même puis, comme un homme frappé de la foudre, s'abattit de toute sa hauteur, le visage contre terre.

Le caissier avait entendu la balle de son adversaire siffler à plus de deux pieds et demi au-dessus de sa tête.

— Bien travaillé, camarade !! — pensa Charles

Laurent. — J'ai gagné mes dix mille livres !!....

Les témoins du comte coururent vers leur ami, soulevèrent dans leurs bras son corps inanimé, et le chirurgien chercha la blessure qu'il trouva facilement.

Le projectile avait atteint Lionel presqu'au sommet du crâne, traçant un sillon dans la boîte osseuse et produisant l'effet d'un formidable coup de massue, mais sans mettre la cervelle à nu.

Hermann s'approcha.

— Monsieur, — dit-il au chirurgien avec une émotion admirablement jouée, — je serais au désespoir d'avoir tué M. de Rochegude... — Rassurez-moi, je vous en supplie... Permettez-moi d'espérer que la blessure n'est pas mortelle...

— Il m'est impossible, monsieur, de vous donner une telle assurance... — répliqua le docteur. — Si votre balle avait porté plus bas de trois centimètres, le comte serait mort à l'heure qu'il est... — Dans la situation actuelle le salut, quoiqu'il ne soit point impossible, ne me paraît rien moins que certain... — La commotion violente amènera sans aucun doute des complications très-graves... — M. de Rochegude a tout à craindre des accidents cérébraux qui se produiront... — La fièvre et le délire s'empareront de lui dès que son évanouissement cessera... — Il se peut qu'il succombe sans avoir repris, ne fût-ce qu'une minute, la plénitude de sa connaissance...

— Oh! mon Dieu, que m'apprenez-vous !!! — balbutia le caissier en joignant les mains d'un air consterné.

Le chirurgien poursuivit :

— Dans tous les cas, si la guérison est possible, ce que je souhaite de toute mon âme, elle sera lente...

Hermann Vogel se tourna vers les témoins de son adversaire :

— L'issue tragique de cette rencontre me cause un profond chagrin... — leur dit-il. — Si quelque chose pouvait adoucir ce chagrin, ce serait la certitude de n'avoir rien à me reprocher... — Je n'étais point le provocateur... — Mon adversaire a voulu ce duel et je ne pouvais, sans être un lâche, refuser de le suivre sur le terrain... — J'aurai l'honneur d'envoyer prendre chaque jour des nouvelles de monsieur de Rochegude à son hôtel...

Ayant ainsi parlé, Vogel s'inclina devant le corps du comte et se dirigea vers l'extrémité de l'allée couverte, après avoir salué le chirurgien militaire, le baron de Croixmore et le vicomte de Gillon.

Ces messieurs lui rendirent son salut et se dirent *in petto:*

— Ce garçon a eu la main malheureuse, mais c'est un bien galant homme...

Hermann, Charles Laurent et M. Aubertin remontèrent dans le landau de louage qui les avait amenés, et qui reprit à la plus vive allure la route de Paris.

Pendant ce temps le cocher du comte amenait la calèche sur le terrain même du duel, et les témoins, avec l'aide du valet de pied, étendaient sur les coussins le corps ou le cadavre de Lionel, car la persistance de l'évanouissement faisait craindre que d'un instant à l'autre le dernier souffle ne s'envolât.

Puis l'élégant équipage, changé peut-être en char funèbre, se remit en route, mais au pas, dans la direction des Champs-Élysées.

Au moment où sonnaient neuf heures et demie à l'horloge de Notre-Dame-de-Lorette, le landau s'arrêtait devant le n° 21 de la rue Saint-Lazare ; Hermann en descendait, serrait la main de l'ex-capitaine, glissait des billets de banque dans celle du pseudo-Lorbac, et s'installait derrière le grillage de sa caisse de l'air le plus calme du monde.

Personne n'aurait pu se douter que ce comptable blond, à tournure germanique, à physionomie placide, venait d'assassiner un homme en un simulacre de duel.

A peine carrément assis dans son confortable fauteuil de cuir, Hermann Vogel prit une feuille de papier sans en-tête et écrivit :

« Tout s'est passé le mieux du monde...

» Réussite complète...

» Impossible d'en dire plus long. — Aussitôt libre » j'irai chez vous et vous donnerai de vive voix les » détails.

» Songez qu'il faut battre le fer pendant qu'il est » chaud, et qu'il importe désormais d'agir sans perdre » une heure.

» Je compte que vous me communiquerez ce soir » le plan dont vous m'avez parlé et que vous dites « infaillible.

» Votre dévoué,

» HERMANN VOGEL. »

Le caissier mit sous enveloppe ce billet laconique et point compromettant, traça l'adresse de M. Roch, 131, rue Montmartre, avec cette mention : *Personnelle et pressée,* puis, appelant un garçon de bureau, lui remit la missive et lui donna l'ordre de la faire porter sans retard par un commissionnaire.

Immédiatement après la fermeture de la caisse, le jeune homme se rendit à l'agence Roch et Fumel.

Il était attendu avec impatience.

Les deux associés, très-curieux de connaître les

détails promis, se trouvaient ensemble dans le cabinet de l'homme de loi.

—Je constate avec joie, cher client, que vous n'êtes pas blessé !! — s'écria maître Roch en voyant Vogel.

— Absolument intact... — répliqua ce dernier avec un sourire. — Le comte de Rochegude n'en pourrait dire autant...

— Il est mort?...

— Pas absolument... du moins il ne l'était point ce matin, mais il n'en vaut guère mieux...

— Blessure fort dangereuse, alors?

— Oui, fort dangereuse...

— En plein corps?

— Non, à la tête...

— On prétend qu'on en meurt tout de suite, ou qu'on en guérit très-vite... — dit Fumel.

— Oui sans doute, — reprit Hermann, — mais la blessure du comte est si grave que, s'il en réchappe par une sorte de miracle, il ne recouvrera pas de longtemps la plénitude de ses facultés mentales et le sentiment de sa situation... Donc il lui serait impossible, non-seulement de se rapprocher de mademoiselle de Cernay, mais de lui donner de ses nouvelles... — Cela nous met fort à notre aise pour agir... — Que M. de Rochegude vive ou meure, l'obstacle est supprimé, momentanément du moins; mais ne nous endormons pas dans les joies du succès... — Agissons sans retard...

— Soyez paisible... — répondit maître Roch. — Nous ne perdrons pas une minute... — La réussite est sûre... — Vous le verrez bien tout à l'heure quand nous vous entretiendrons des voies et moyens... — Pour le moment, satisfaites notre curiosité, s'il vous plaît ; donnez-nous des détails sur la périlleuse aventure de ce matin...

Hermann ne se fit pas prier.

Il raconta le duel en le dramatisant.

Il se garda bien de souffler mot des pistolets prêtés par Charles Laurent et qui diminuaient d'une façon prodigieuse le danger qu'il pouvait courir, si même ils ne le supprimaient tout à fait.

Bref, tel est l'irrésistible attrait des jouissances de vanité, que ce misérable Vogel eut soin de se poser en héros devant les deux gredins qui lui prêtaient l'oreille et dont il ambitionnait l'admiration et les éloges.

Éloges et admiration, d'ailleurs, lui furent prodigués libéralement.

— La petite demoiselle sera ma foi fort heureuse ! — s'écria maître Roch. — Elle aura pour mari un vaillant chevalier qui saura la faire respecter !

— Certes je le saurai !! — répliqua le caissier. —

Mais il faut épouser d'abord, et Valentine ne renoncera point, sans de bonnes raisons, à ce brillant Rochegude dont elle se croit éprise... — Il ne suffit pas d'avoir supprimé le comte... il faut me faire accepter à sa place, et comment m'y prendre?...

— Mon cher client, avez-vous dîné? — demanda l'homme de loi au lieu de répondre.

— Assurément non... — fit Vogel.

— Eh bien! je vous offre, à vous et à Fumel, un petit repas fort simple tout près d'ici, chez Bonnefoy, dans un cabinet particulier... Le verre en main nous causerons...

L

La proposition de maître Roch fut naturellement acceptée par Fumel et par le caissier.

Les trois hommes quittèrent l'agence et n'eurent presque qu'à traverser le boulevard pour s'attabler dans un cabinet du restaurant Bonnefoy, situé, les Parisiens le savent, presque en face du théâtre des Variétés.

L'ex-avoué, qui se piquait non sans raison d'être connaisseur en bonne chère, commanda le menu d'un dîner fin, et fit monter de vieux vins de Bordeaux et de Bourgogne dignes d'arroser des mets délicats.

Ce fût lui qui porta le premier toast et le fit en ces termes :

— Je bois au succès de notre entreprise, et j'ose affirmer que désormais il me paraît certain...

Puis, s'adressant à Vogel, il ajouta :

— Monsieur et cher client, prêtez-moi toute votre attention, et, si par hasard vous doutez encore, lorsque vous connaîtrez le plan ingénieux sorti de mon cerveau avec la collaboration de mon honorable associé, vous ne douterez plus...

Et maître Roch développa d'une façon très-minutieuse et très-claire le plan dont il était question, en ayant soin de faire ressortir son côté pratique et ses multiples avantages.

— Eh bien ! — demanda-t-il au caissier quand il eut achevé, — qu'en dites-vous ?

— Je dis que c'est très-fort, — répliqua Vogel, — et je vous fais mes compliments sincères !... — Ah ! vous êtes des malins !

L'homme de loi eut un sourire vaniteux.

— Donc, — reprit-il, — vous êtes satisfait ?

— Autant qu'on le puisse être.

— La réussite vous paraît assurée ?...

— Comment ne le serait-elle pas ?

— Votre rôle dans cette tragi-comédie est facile et à grand effet, vous le voyez... — continua maître Roch.

— Et je saurai le jouer de façon à doubler sa valeur, je vous le promets... — répliqua Vogel.

— J'y compte...

— A quand la représentation?...

— A demain soir... — Il importe de marcher vite, vous l'avez dit vous-même...

— Tout sera prêt si tôt?

— Parbleu !

— Avez-vous donc les comparses sous la main?

— Nous les aurons en moins de deux heures, grâce à notre employé Sta-Pi... — Ce jeune drôle est vraiment un garçon très-utile... — Il sait sur le bout du doigt les bas-fonds de Paris...Il connaît les viviers à coquins... Il pêchera comme en eau trouble...

— Ne craignez-vous pas que ces auxiliaires de bas étage ne nous trahissent? — hasarda Vogel.

— Au profit de qui ? — répondit l'ex-avoué. — Du reste c'est seulement à la dernière minute qu'ils sauront ce qu'ils ont à faire... — Ils croiront contribuer au dénouement d'une intrigue amoureuse dont les héros leur sont inconnus, et pas un d'entre eux ne se doutera qu'il y a des millions en jeu...—Sta-Pi lui-même, —(en qui nous avons cependant une confiance relative), — n'en soupçonnera rien... — Les chances de trahison, vous le voyez, sont nulles...

— J'en conviens ; il ne me reste donc qu'une objection à faire...

— Laquelle ?

— Si, par hasard, la police intervenait à l'improviste, la situation deviendrait grave et même dangereuse...

Roch et Fumel échangèrent un sourire, puis l'ex-avoué, haussant imperceptiblement les épaules, répliqua :

— Votre objection est enfantine!! — L'intervention de la police, à neuf heures du soir, à Passy, dans la rue Mozart où n'apparaît que de loin en loin et toujours en plein soleil l'ombre d'un sergent de ville, me paraît d'une surprenante fantaisie!! — Soyez sans inquiétude, cher client... — Nous n'avons rien de pareil à craindre... — D'ailleurs les précautions seront prises, puis enfin, en admettant même l'impossible, si quelqu'un de nos comparses se laissait pincer, le pauvre diable ne pourrait dénoncer personne, n'étant point dans la confidence de ceux qui l'emploient, ne connaissant pas ceux qui le payent, et marchant à tâtons en pleine obscurité... — Si ce pauvre diable devait prononcer un nom, ce ne serait point le vôtre, vous le savez bien...

— C'est juste et je suis rassuré...

Nos lecteurs auraient le droit de nous demander quelques détails sur ce plan, auquel maître Roch et Hermann Vogel venaient de faire allusion dans leur entretien.

Nous leur donnerions avec empressement toute satisfaction à cet égard, si les faits eux-mêmes ne devaient se charger, — sans le moindre retard, — de répondre pour nous...

Presqu'au début de ce livre, nous avons dit que l'enclos de la rue Mozart était entouré d'une palissade assez haute, faite de planches assemblées d'une façon grossière mais solide, et que la porte à claire-voie, pratiquée dans cette palissade, restait ouverte toute la journée.

Le vieux carreleur de souliers servant de concierge fermait la porte dès qu'arrivait la nuit, se verrouillait chez lui, se mettait au lit et, fatigué de ses courses, dormait sur les deux oreilles sans se préoccuper des allants et des venants, et voici pourquoi :

On se souvient que dans un conte de Perrault, la bonne vieille grand'mère répond au petit Chaperon rouge :

— Tirez la chevillette... la bobinette chéra...

Il en était à peu près de même rue Mozart.

Les locataires des chalets de l'enclos, et leurs intimes, savaient qu'en passant la main entre deux barreaux, à un certain endroit, et en déplaçant une cheville mobile, la porte s'ouvrait aussitôt. — Il y avait bien un verrou intérieur, de dimension imposante et très-rouillé, mais on le poussait rarement et plutôt par distraction que par précaution.

Le lendemain du jour où Hermann Vogel, après s'être battu en duel le matin et avoir blessé peut-être mortellement le comte de Rochegude, avait dîné chez Bonnefoy avec les directeurs de l'agence Roch et Fumel, la nuit était profonde vers neuf heures du soir et la rue Mozart, fort mal éclairée par deux ou trois réverbères à l'ancienne mode noyés au milieu des ténèbres, semblait dans toute sa longueur absolument déserte.

Nous disons *semblait,* car en réalité six individus, que le chemin de fer de ceinture venait d'amener et qui paraissaient ne point se connaître, se dirigeaient silencieusement vers l'enclos en rasant les murailles et en étouffant le bruit de leurs pas.

Il y avait cinq hommes et une femme.

Ces six personnages allaient à la file indienne, séparés les uns des autres par un intervalle de deux mètres.

Si quelqu'un avait pu voir les visages et les costumes des nocturnes promeneurs, ce quelqu'un n'aurait point trouvé leur apparence rassurante...

La misère, mais cette misère abjecte résultant du vice et de la débauche, mettait son empreinte indélébile sur leurs figures pâles, au teint plombé, aux traits avachis.

Les vêtements étaient ces paletots en loques, ces bourgerons déteints et souillés, que l'ouvrier repousserait avec dégoût et qu'on trouve sur les épaules pointues des rôdeurs de barrières.

Sous les casquettes graisseuses aux visières plates on voyait, collés aux tempes, ces accroche-cœur significatifs bien connus au *Bal de la Reine Blanche* et à celui de *l'Élysée-Montmartre*.

Le sixième personnage portait une vieille jupe de laine noire, un caraco pareil, un bonnet de linge. — Deux tire-bouchons de cheveux grisonnants encadraient ses joues flasques et bistrées.

Cette créature, d'âge indécis, rappelait d'une façon frappante ces farceurs aimables qui s'affublent en temps de carnaval d'une défroque féminine pour courir les boulevards extérieurs, et que les gavroches parisiens escortent en criant d'une voix glapissante :

— A la chienlit !...

La ressemblance que nous venons de signaler avait d'ailleurs un sérieux motif.

L'androgyne au bonnet de linge était un homme déguisé en femme...

Le chef de file de la petite troupe assourdissait sa marche de plus en plus à mesure qu'il approchait de l'enclos.

Quand il fut en face de la porte il s'arrêta, se retourna, et fit un geste qui malgré l'obscurité fut compris, car aussitôt ses compagnons s'arrêtèrent à leur tour.

Étonnerons-nous beaucoup nos lecteurs en leur apprenant que ce chef de file dont une épaisse barbe noire cachait le visage aux trois quarts, répondait au nom de Sta-Pi?...

## LI

L'employé de Roch et Fumel prêta l'oreille pendant quelques secondes, et de son œil de lynx interrogea les ténèbres.

Le témoignage de ses sens lui démontra qu'aucun bruit, aucune forme suspecte, ne décelaient la présence d'un être vivant dans la rue Mozart.

Or, un habitant de cette rue ou un passant quelconque n'ayant nul intérêt à dissimuler leur approche, on pouvait hardiment conclure que la solitude était complète.

Sta-Pi connaissait ses classiques; il raffolait du théâtre et professait une admiration sincère pour les artistes en vedette.

Mélingue, Dumaine, Paulin Ménier étaient ses idoles.

Paulin Ménier surtout, dans son rôle de *Choppart* du *Courrier de Lyon*, lui semblait tout un monde.

Il prit la voix de ce comédien original et reproduisit avec une sourdine, mais d'une manière très-exacte, les intonations de la phrase célèbre :

— *Huist ! ici donc, Fouinard !*

Ses cinq compagnons se groupèrent à l'instant autour de lui.

— Attention, mes petits enfants, — leur dit-il tout bas, — nous y sommes...

Puis, glissant sa main dans l'ouverture connue de lui, il manœuvra la cheville dont nous avons parlé, mais ce fut inutilement. — La porte ne s'ouvrit pas...

On avait par hasard, ce soir-là, poussé le verrou intérieur.

— Tonnerre du diable ! — murmura Sta-Pi. — Voilà qui complique la besogne, mais on n'est point manchot, n'est-ce pas ? Nous entrerons tout de même... — Fil-de-Soie, mon bonhomme, fais-moi la courte échelle.

Le rôdeur qui répondait au gracieux... sobriquet de *Fil-de-Soie*, s'adossa aussitôt à la palissade et réunit à la hauteur de ses hanches ses deux mains ouvertes.

Sta-Pi mit son pied gauche sur cet échelon improvisé, posa son pied droit sur l'épaule de l'homme immobile, franchit la clôture, retomba lestement de l'autre côté et tira le verrou.

— Attention... — fit-il ensuite pour la seconde fois. — Il s'agit, en poussant la porte, de la soulever un peu afin de l'empêcher de crier.

Grâce à cette précaution, l'huis massif tourna presque sans bruit sur ses gonds rongés par la rouille.

Les rôdeurs entrèrent dans l'enclos.

Avec la prudence d'un capitaine expérimenté, Sta-Pi s'occupa d'abord de la baraque en planches servant de logis au vieux bonhomme, dont les multiples occupations nous sont connues.

A travers les vitres crasseuses de l'unique fenêtre aucune lueur n'apparaissait. — Le carreleur était au lit. — On l'entendait ronfler.

Sta-Pi, toujours accompagné de sa bande, soumit à des investigations du même genre les chalets disséminés sous les grands arbres, et les trouva sombres et silencieux.

Sans doute les locataires étaient absents ou endormis.

— Voilà qui s'annonce bigrement bien! — fit le jeune homme entre ses dents. — On ne nous dérangera pas et tout ira sur des roulettes!! — Tonnerre de Landernau, c'est ça une chance!

Il ne restait à observer depuis l'extérieur que la maisonnette des orphelines.

Sta-Pi s'en approcha.

Valentine, à la tombée de la nuit, avait fermé comme elle le faisait chaque soir les volets du salon-atelier, mais ces volets joignaient mal; un mince filet lumineux s'échappait par leur entre-bâillement.

Mademoiselle de Cernay ne se couchait jamais avant dix ou onze heures.

En ce moment elle dessinait sous la clarté vive d'une lampe à abat-jour.

Claire, assise auprès d'elle sur un siége très-bas, avait succombé au sommeil en travaillant à une robe pour sa poupée.

La jolie tête de la petite fille reposait sur le dossier du siége; les boucles fauves de ses longs cheveux voilaient à demi son visage rose, mais elle n'avait point lâché la poupée que ses deux bras pressaient tendrement contre sa poitrine.

De temps en temps Valentine tournait ses yeux vers sa sœur endormie, et son doux regard prenait alors une expression d'indicible tendresse.

Cependant le chef de l'expédition et ses hommes stationnaient depuis quelques minutes près du jardinet de la maisonnette.

Sta-Pi ne donnait aucun ordre.

Le drôle qui se nommait Fil-de-Soie lui glissa dans l'oreille ces mots, articulés d'une voix grasseyante :

— On se fait vieux, tu sais, à rester comme ça sur ses quilles... — Un besigue aurait plus de charmes... — Qu'est-ce que nous attendons, hein ?

— Ça ne te regarde pas... — répliqua Sta-Pi.

— De quoi ?... — On n'est donc plus libre de se renseigner présentement, entre amis ? entre bons zigs ? Oh ! malheur !...

— Je veux bien te dire que nous attendons le patron...

— Quel, le patron ?

— Celui qui régale...

— L'homme à la braise ?... le particulier très-chic dont tu nous as parlé ?...

— Oui, ma vieille...

— On ne peut rien sans lui ?

— Rien de rien...

— Suffit ! — Respect à la monnaie !... — On se fera une raison... — On sera philosophe... On patientera...

L'attente fut courte d'ailleurs.

Un pas rapide et furtif à la fois résonna dans le silence de la nuit. — Ce pas se dirigeait vers la maisonnette.

— Attention !... — murmura Sta-Pi pour la troisième fois.

Au moment d'atteindre le petit groupe absolument invisible au milieu des ténèbres le nouveau venu, qu'on entendait mais qu'on ne voyait pas, s'arrêta.

— Psit ! — fit-il.

— Psit ! — répéta Sta-Pi comme un écho.

— Vous êtes là ? — demanda très-bas et très-vite Hermann Vogel qu'on a déjà deviné.

— *Ya mein herr...*

— Les rôles sont distribués ?...

— Et compris, j'ose le dire... — La farce se jouera sans anicroche... — Du reste ça se présente à merveille, nous sommes les maîtres dans l'enclos...

— Et bien, faites...

— On y va...

— Et n'oubliez rien de ce qui est convenu... — reprit le caissier. — La dose indispensable de violence, mais rien de plus... — Songez qu'il ne faut ni froisser un doigt, ni arracher un cheveu de cette jeune fille.

— Soyez paisible ! — répliqua l'employé de Roch et Fumel avec une sorte de ricanement, — c'est Bibi qui se servira du foulard... — Bibi, c'est moi, et le beau sexe, ça me connaît !... — Pour les égards et la galanterie raffinée, je ne crains personne... — Ma

réputation est faite... — Les femmes me gobent!...
— Allons-y gaiement... — Tout le monde sur le pont!... — *Huist! ici donc, Fouinard!*

La clôture du petit jardin était beaucoup moins haute que la palissade de l'enclos.

Sta-Pi à qui Fil-de-Soie fit de nouveau la courte échelle, escalada cette clôture le plus facilement du monde.

Un des rôdeurs prit le même chemin, et tous deux allèrent s'embusquer à droite et à gauche de l'entrée du chalet.

En ce moment le bandit déguisé en femme et resté dans l'enclos s'approchait de la porte du jardinet et posait la main sur le cordon de la sonnette.

Valentine dessinait toujours.

Un faible soupir de Claire lui fit tourner les yeux vers sa sœur.

L'enfant s'agitait dans son sommeil. — Sa tête ne s'appuyait plus au dossier du siége et roulait sur sa poitrine. — Son visage se contractait et ses bras frémissants serraient la poupée d'une façon presque convulsive.

— Pauvre mignonne, — murmura mademoiselle de Cernay, — tu n'es pas bien là pour dormir... tu fais un mauvais rêve... — Je vais te mettre au lit... je reviendrai ensuite achever mon travail...

La jeune fille posa son crayon et se leva.

Un violent coup de sonnette retendit à l'improviste et la fit tressaillir.

Claire, réveillée en sursaut, poussa un faible cri.

— Petite sœur, — demanda-t-elle, — tu as entendu ?...

— Oui, mignonne...

— Qui peut venir à l'heure qu'il est?

— Quelqu'un sans doute qui se trompe de chalet.
— Personne ne se présenterait chez nous si tard.

Un second coup de sonnette résonna dans l'enclos...

## LII

— C'est singulier...— murmura mademoiselle de Cernay avec une involontaire émotion, — j'ai comme un pressentiment que celui qui vient, quel qu'il soit, doit être un messager de mauvaises nouvelles...

Et Valentine appuya sa main sur le côté gauche de sa poitrine pour comprimer les battements de son cœur.

Une angoisse tout instinctive, mais très-poignante, s'emparait d'elle et la dominait.

— Sœur chérie, — demanda Claire, — veux-tu que j'aille voir ?...

— Non, — répondit vivement la jeune fille, — j'irai moi-même.

En disant ce qui précède elle saisit un flambeau

dont elle alluma la bougie, et fit un mouvement pour quitter le salon.

— Je vais avec toi, — reprit Claire.

— Non, mignonne... Reste ici... Je reviens à l'instant.

La porte de la maisonnette était, — (comme chaque soir) — fermée à double tour et à double verrou.

Valentine fit tourner la clef dans la serrure, tira les verrous, ouvrit, et, faisant avec sa main une sorte de réflecteur, dirigea la lumière de la bougie vers l'huis à claire-voie du jardinet.

Elle distingua vaguement, de l'autre côté de la clôture, une jupe, un caraco d'indienne, un bonnet de linge.

Donc c'était une femme qui venait de sonner à deux reprises...

La jeune fille se sentit un peu rassurée.

— Qui est là, et que veut-on ? — demanda-t-elle d'un ton presque ferme.

Une voix éraillée, dont le timbre n'avait absolument rien de féminin, répondit par cette question :

— C'est-il ici, sans vous commander, que demeure la demoiselle Valentine de Cernay ?...

— Oui, c'est bien ici...

— Pourrait-on lui dire deux mots, S. V. P. ?...

— Valentine de Cernay, c'est moi... — Parlez...

— Alors, si c'est vous, mam'selle, j'ai quet'chose à vous remettre en mains propres.

— Quoi ?...

— Une lettre...

— De quelle part ?...

— De la part d'un beau garçon que vous connaissez bien...

— Son nom !

— Monsieur le comte... C'est un comte... monsieur le comte de Rochegude...

Valentine, remuée jusque dans les profondeurs de son âme, pâlit et rougit tour à tour en entendant nommer Lionel.

Elle traversa rapidement le jardinet.

Sta-Pi et son acolyte, profitant de la minute où elle tournait le dos, se glissèrent sans bruit dans la maisonnette.

Arrivée près de la porte à claire-voie, la jeune fille tendit la main.

— Donnez... — dit-elle.

— Quoi ? — demanda la voix de rogomme.

— La lettre... — Passez-la entre les barreaux...

— Ah ! mais nenni !... Il faut une réponse et j'ai assez attendu dehors.... — Ouvrez-moi...

Valentine posa la main sur la clef.

Elle allait ouvrir, mais la réflexion l'arrêta.

— Non... — fit-elle, — je n'ouvrirai pas...

— C'est-il que vous avez peur de moi, mam'selle, par hasard ?... — s'écria l'androgyne en goguenardant.

— Je n'ai peur de rien... Je ne crains personne, mais, la nuit, je n'ouvre jamais...

— Zut, alors ! — Je garde le poulet...

Mademoiselle de Cernay fut prise d'un grand battement de cœur.

Lui faudrait-il donc ignorer les choses, très-importantes peut-être et très-pressées, que Lionel lui écrivait ?...

— Je vous payerai largement votre course, ma bonne femme... — reprit-elle. — Donnez-moi la lettre...

— J'ai été payée d'avance et *ça m'ostine* quand on se méfie de moi... — Ouvrez, ou je file...

L'effet immédiat de ces paroles fut d'éveiller la défiance de Valentine. — L'inexplicable entêtement du commissionnaire femelle lui parut au plus haut point suspect.

Pourquoi cette créature insistait-elle de si étrange façon pour franchir le seuil de la maisonnette ?...

Valentine ne pouvait le comprendre et flairait vaguement un piége dont elle ne devinait pas le but.

8

Son parti fut pris aussitôt.

— Décidément, — fit-elle, — je n'ouvrirai pas...

— C'est votre dernier mot ?

— Oui...

— *Sufficit !* — Tant pis pour vous... Moi je me sylphide... Bonsoir, mam'zelle...

Valentine entendit un pas lourd résonner sur la terre battue de l'enclos.

La jeune fille poussa un soupir et, quittant le petit jardin, rentra dans la maison.

Au moment où, après en avoir franchi le seuil, elle se retournait pour refermer la porte, elle sentit des bras vigoureux la saisir et la soulever.

Deux hommes à mines de bandit venaient de surgir à côté d'elle comme des diables de féerie.

Folle de stupeur, elle ouvrit la bouche pour appeler à l'aide de toute la force de son épouvante.

Elle n'eut pas même le temps de pousser un cri.

L'un des hommes, — celui dont une barbe noire, trop luxuriante pour être naturelle, cachait le visage — lui appliqua un foulard sur la bouche avec une merveilleuse dextérité, et la bâillonna en un tour de main.

Puis les deux bandits la portèrent dans le salon qu'elle avait quitté quelques minutes auparavant.

Le bâillon de soie la contraignait au silence le plus absolu, mais ne l'empêchait ni de voir ni d'entendre.

On jugera sans peine de son désespoir lorsqu'elle aperçut la petite Claire bâillonnée comme elle, et, de plus, solidement attachée sur son siége.

Le bandit barbu, — nous savons que c'était Sta-Pi lui-même, — suivit la direction de ses yeux et ne se trompa point à l'expression de son visage.

— As pas peur, ma petite mère ! — s'empressa-t-il de dire en manière de consolation. — Il ne sera fait aucune misère à la bobêcharde... — Il a fallu la museler un peu et la ligoter pas mal pour la faire tenir tranquille, attendu qu'elle allait brailler comme un veau en bas âge, mais, sitôt nous partis avec vous, on la déficellera... La bonne dame de tout à l'heure — (vous savez, la bonne dame à la lettre) — en aura bien soin cette nuit, et demain matin, si le cœur vous en dit, vous la ferez venir dans le petit paradis terrestre où l'amour vous attend... — Allons, filons ! — Le fiacre stationne dans la rue Mozart, et, si ça vous taquine de marcher, nous vous porterons parfaitement... — Hop ! En route !

Valentine, quoique n'ayant plus la libre disposition de ses bras, se débattit avec l'énergie du désespoir.

Sta-Pi, sans la violenter positivement, la poussait

vers la porte d'une façon lente, continue, irrésistible, et, tout en manœuvrant ainsi, il répétait du ton insinuant et convaincu d'un avocat d'office plaidant une mauvaise cause et voulant la gagner :

— Eh ! donc, la petite mère, soyez paisible !... *Ia pas d'bobo !*... Ce qu'on en fait c'est pour votre bien... Vous serez contente après et vous direz : *Merci !*... — La vertu, voyez-vous, n'en faut pas !... — C'est d'un fichu rapport quand on n'a point de rentes... — J'en connais, moi qui vous parle, des jeunes demoiselles très-mignonnes, j'en connais même des flottes, qui donneraient pas mal pour être à votre place, je vous en fiche mon billet, et qui ne feraient point *leur Sophie !*... — Il est bigrement beau garçon m'sieu Lionel... — Il est comte, joliment calé, et généreux comme pas un ! — J'en sais quet'chose, peut-être bien... j'ai déjà travaillé pour lui dans l'article *beau sesque*... — Les femmes, voyez-vous, c'est sa folie !... — Basez-vous là-dessus, faites vot' carte vous-même... — Demandez n'importe quoi... — Il ne vous refusera rien, j'en réponds... d'autant qu'il a pour vous un solide béguin... — Ça durera ce que ça pourra, mais pour l'instant c'est corsé... — Profitez-en... — Chacun pour soi, donc !.. Allez-y dans les grands prix...

Valentine, en entendant ces choses infâmes, frissonnait de la tête aux pieds...

Hélas ! elle n'en pouvait douter, le misérable qui, pour s'emparer d'elle, soudoyait ces êtres immondes, c'était l'homme en qui elle croyait, l'homme qu'un instant elle avait aimé... qu'elle aimait peut-être encore... c'était Lionel de Rochegude ! !...

## LIII

En disant ce qui précède Sta-Pi marchait toujours, et poussait Valentine devant lui.

Quand il atteignit le seuil de la maisonnette, il ne prononça plus un seul mot, et, soulevant la jeune fille dans ses bras avec une vigueur musculaire dont sa frêle apparence ne permettait point de le supposer capable, il se mit en devoir de traverser le petit jardin.

Le compagnon du jeune gredin avait ouvert depuis l'intérieur la porte donnant sur l'enclos.

Sta-Pi franchit cette porte.

Le silence était absolu. — Les ténèbres profondes.

Valentine, se croyant perdue sans ressources, allait s'évanouir.

Un incident inattendu la ranima soudain en lui rendant une vague espérance.

Le bruit net d'un pas masculin résonnait sous les grands arbres et se rapprochait rapidement.

Sta-Pi s'arrêta.

A coup sûr le nouveau venu, qu'on entendait sans le voir, n'était plus qu'à une faible distance.

L'employé de Roch et Fumel demanda d'une voix sourde :

— Qui va là ?...

Aucune réponse ne lui fut faite.

Il reprit d'un ton menaçant :

— Qui que vous soyez, rangez-vous !... — Nous sommes six, et nous vous passerons sur le corps si vous embarrassez le chemin...

Une voix sonore, et qui certes ne frappait point l'oreille de Valentine pour la première fois, répliqua brusquement :

— Halte ! — Si vous faites un pas de plus, tant pis pour vous... Je vous brûle !...

— A moi, mes hommes !.. — commanda Sta-Pi.

A ce moment précis un cercle de lumière blafarde enveloppa les ravisseurs.

Le mystérieux arrivant venait de démasquer l'âme d'une petite lanterne sourde qu'il tenait de la main gauche.

La crosse d'ivoire et les six canons d'un revolver brillaient dans sa main droite.

— Ah! — cria-t-il, — j'avais tout deviné, tout compris!... Mais, grâce au ciel, j'arrive à temps et je vous châtierai, misérables!...

Un des rôdeurs bondit sur lui et voulut lui saisir les bras.

Pendant cette courte lutte, la petite lanterne tomba.

L'obscurité redevint complète.

— C'est vous qui l'aurez voulu, bandits!... — reprit l'arrivant.

Et quatre fois de suite il pressa la détente de son revolver.

Un quadruple éclair raya la nuit, une quadruple détonation retentit.

Des gémissements y répondirent.

Sta-Pi lâcha mademoiselle de Cernay, qui se trouva libre, et il murmura d'une voix enrouée mais parfaitement distincte :

— Ça n'est plus du jeu!... — Nous ne sommes pas payés pour nous faire trouer la peau! — Décarrons, mes petits enfants, et que mossieu le comte de Rochegude s'arrange comme il pourra...

Ces paroles étaient à peine prononcées que déjà l

bande des rôdeurs nocturnes s'enfuyait à toutes jambes...

Au bout d'un quart de minute le bruit de leur course rapide s'était perdu dans le lointain.

Alors s'éleva de nouveau la voix que Valentine connaissait déjà.

— Mademoiselle, — disait cette voix, — le péril est passé... — Ces misérables sont des lâches comme tous les gredins... — Ils ne s'arrêteront qu'à Paris... — Je vais avoir l'honneur de vous reconduire à votre maison..

Puis, après une seconde, le sauveur providentiel n'obtenant aucune réponse ajouta :

— Où donc êtes-vous, mademoiselle, et pourquoi vous taisez-vous? — Je suis un ami, moi, et bien sincère quoique méconnu... Je suis Hermann Vogel...

Même silence de Valentine.

Le caissier, — (que nos lecteurs avaient deviné déjà), — fit craquer une allumette bougie dont la flamme lui montra mademoiselle de Cernay pâle comme une morte, un foulard noué sur la bouche et les mains attachées derrière le dos.

— Grand Dieu! — s'écria-t-il avec un accent d'horreur! — Les infâmes!

Et, prenant à son tour Valentine entre ses bras, il

la porta presque en courant jusqu'à la maisonnette dont l'huis était ouvert au grand large, et, la plaçant sur un siége, dénoua son bâillon et détacha ses mains.

Les premières paroles que balbutia l'orpheline furent celles-ci :

— Monsieur Vogel, déliez ma sœur !... Voyez ce que les scélérats ont fait de la pauvre mignonne !!...

Hermann s'empressa de délivrer Claire, qui n'avait d'ailleurs aucun mal mais dont on comprend sans peine l'émotion et l'épouvante, et qui vint se jeter dans les bras de Valentine où elle se blottit avec des pleurs et des sanglots.

La jeune fille calma et consola de son mieux l'enfant effarée en la couvrant de baisers et de caresses, puis, tendant la main au caissier, elle lui dit :

— Vous m'avez sauvé plus que la vie... Vous m'avez sauvé l'honneur... — Comment acquitter jamais cette dette de reconnaissance ?...

Hermann répondit vivement :

— Vous ne me devez rien... — Je suis trop payé par la réussite, et le moment où j'ai pu vous être utile est le plus beau moment de ma vie...

— Il me semble que je sors d'un mauvais rêve... — reprit Valentine. — Ce qui se passe depuis un quart d'heure est-il bien vrai, est-il bien possible ?

— Hélas !... ce n'est que trop réel !!

— Que de questions j'ai à vous faire... que d'explications à vous demander...

— Je répondrai à tout... J'éclaircirai ce qui vous semble obscur, mais permettez-moi d'aller d'abord fermer la porte de l'enclos et celle de la maison... Il faut nous mettre à l'abri d'une surprise...

Valentine se remit à trembler.

— Mon Dieu, — balbutia-t-elle, — craignez-vous donc le retour de ces misérables ?

— Je suis au contraire convaincu qu'ils se garderont bien de revenir ce soir... — Ils savent que vous avez près de vous un solide défenseur, et nul d'entre eux ne se soucie d'affronter de nouveau les balles de mon revolver... — La plus simple prudence commande néanmoins d'être clos chez soi après une si odieuse tentative...

— Allez donc...

Vogel tourna les clefs et poussa les verrous, puis revint.

— Que voulez-vous savoir, mademoiselle ? — demanda-t-il. — Interrogez-moi, je répondrai...

— Avant toutes choses — commença la jeune fille, — apprenez-moi par quel hasard, ou plutôt par quel miracle, vous vous êtes trouvé là ce soir ?...

— Ce n'est ni par un hasard, ni par un miracle...

— répliqua le caissier. — Vous souvenez-vous des paroles échangées pendant notre dernière entrevue ?..

Valentine baissa les yeux en rougissant beaucoup, et murmura :

— Je m'en souviens...

Hermann reprit :

— Je vous ai dit ce jour-là que, même dédaigné, même repoussé, mon amour me donnait le droit de veiller sur vous et que j'userais de ce droit... — Je veillais hier... je veillais ce soir... et j'avais raison, vous le voyez, mademoiselle !... L'instinct de mon cœur m'avait bien servi...

— Vous ne pouviez soupçonner cependant l'action monstrueuse qui vient de s'accomplir, ou qui du moins se serait accomplie sans vous ?...

— Certes, je ne pouvais deviner que l'audace de ces bandits irait jusque-là !... Mais ma défiance était surexcitée... tout m'inquiétait... tout me faisait peur...

— Cette défiance si légitime avait une cause ?

— Certes...

— Laquelle ?

— La réputation d'un homme que je ne veux pas nommer, et qui par malheur n'en est point à son coup d'essai en ce genre d'infamies... — Je connais dans le passé de cet homme nombre de lâches et criminelles aventures... — Lorsqu'une pauvre et pure jeune fille résiste trop longtemps à ce qu'il appelle son amour, il remplace la séduction par la violence, et se croit quitte envers ses victimes quand il leur a donné, ou tout au moins offert beaucoup d'or, en échange de beaucoup de honte...

— Mais cet homme est un monstre !! — s'écria Valentine.

— Assurément, mademoiselle, — répliqua le caissier, — et je croyais vous l'avoir déjà dit...

## LIV

Valentine baissa de nouveau les yeux avec une involontaire confusion.

— Hermann Vogel avait raison! — pensait-elle.

Devinant l'avenir avec une perspicacité quasi-prophétique, il avait dit ce qu'il fallait dire pour mettre la jeune fille sur ses gardes...

Mais mademoiselle de Cernay, croyant à la loyauté du comte de Rochegude et se sentant entraînée vers lui, s'était obstinée dans son aveuglement !!!...

Le caissier poursuivit au bout d'une minute :

— Ce jour-là, lorsque vous m'avez fait comprendre qu'il vous serait désormais impossible de me recevoir, je vous ai répondu : « — *Soyez tranquille... j'avais compris déjà cette nécessité... — Je m'y soumets et je m'y résigne comme on doit se résigner et se soumettre*

*à ce qui est inévitable...— Je ne vous importunerai pas...
— J'ai parlé de veiller sur vous, mais ce sera de loin...
ce sera dans l'ombre... Vous ne me verrez plus...* » Et
je partis, le cœur brisé...

Valentine, très-émue, tendit pour la seconde fois
la main à Hermann :

— Pardonnez-moi, — balbutia-t-elle, — pardonnez-moi la peine que je vous ai faite...

— Eh! mademoiselle, qu'ai-je à vous pardonner? — s'écria le jeune homme. — Ce n'était certes point votre faute si vous ne m'aimiez point et si vous croyiez en aimer un autre... — Vous aviez été franche avec moi, voilà tout, et j'étais touché jusqu'au fond de l'âme de vos efforts pour m'éviter de trop cuisantes blessures... — Le chien fidèle lèche la main du maître qui le chasse... — Le dévouement, quand il est sincère, n'attend point de récompense...

Un nouveau silence suivit ces derniers mots.

Cette fois encore ce fut Vogel qui reprit la parole.

— J'arrive aux faits... — dit-il. — Averti par un mystérieux instinct que l'homme dont vous m'aviez parlé, et dont j'ignorais encore le nom, tendait un piége à votre candeur, je résolus de connaître cet homme... — J'organisai autour de cette maison une surveillance occulte qui me conduisit à mon but en quelques heures... — J'appris que le comte de Rochegude, — (son nom vient de m'échapper malgré moi), — était un don Juan de profession, un débauché sans scrupule et sans frein... — De tels renseignements redoublèrent mes inquiétudes... — Je me jetai jusqu'au cou dans l'espionnage, comme aurait pu le faire un agent de police, et j'acquis bientôt la certitude qu'un valet de chambre, âme damnée du comte, embauchait dans les bas-fonds de Paris une poignée de gredins, par ordre de son maître, pour une expédition ténébreuse... — Il s'agissait d'enlever une jeune fille, une orpheline, dont la séduction à domicile serait trop difficile et surtout trop longue, car elle prenait au sérieux certaine promesse de mariage qui paraissait à ces bandits la chose du monde la plus folâtre... — Cette jeune fille, c'était vous.

— Mais c'est horrible ! — murmura Valentine.

— Ces gens trouvaient cela tout simple...

— Et voulait-on faire de moi ?

— Vous conduire dans une villa que le comte possède à Saint-James, au milieu d'un véritable parc... — C'est une demeure somptueuse, pleine d'un luxe princier, et qui continue de nos jours la tradition galante des *petites maisons* des grands seigneurs et des financiers du dernier siècle... — Là vous auriez été prisonnière, et je ne veux pas même appeler votre pensée sur les conséquences fatales et inévitables d'une captivité de ce genre...

— Perdue! j'étais perdue! — s'écria mademoiselle de Cernay, blanche de terreur.

— Assurément, à moins d'un miracle... et les miracles sont rares aujourd'hui...

— Dieu en a fait un cependant en vous chargeant de me protéger!! — répliqua Valentine. — Et quand on pense que ce fourbe avait trouvé moyen de me faire douter un instant de vous!!

— Il jouait son jeu... — répondit Hermann. — Son premier soin devait être de m'éloigner de votre chemin par tous les moyens... — Je continue : — Bref j'en savais bien long déjà, mais j'ignorais le moment choisi pour la tentative d'enlèvement, et de vagues indices me faisaient croire que cette tentative n'aurait lieu que demain... — Néanmoins je me tenais sur mes gardes, et j'eus soin de me munir d'une petite lanterne et d'un revolver en venant exercer ce soir ma surveillance habituelle... — C'était une inspiration de Dieu!... — Comme j'arrivais près de la porte de l'enclos je vis cette porte tout ouverte, ce qui n'arrive jamais la nuit... — Une sorte de fiacre stationnait à quelques pas, mais ce fiacre était attelé de chevaux de dix mille francs... le cocher portait mal son vieux carrick d'emprunt cachant une livrée... deux hommes à mines étonnantes montaient la garde près des portières... — Ces choses me parurent à bon droit effroyablement suspectes... — J'armai mon revolver et je m'élançai à travers l'enclos où mon heureuse chance m'amenait juste au bon moment... — Vous savez le reste, mademoiselle, et vous avez eu la preuve que je ne me trompais pas dans mes conjectures, puisque les gredins mis en fuite par mes coups de feu ont prononcé tout haut devant vous le nom de leur digne patron, le comte de Rochegude...

Hermann se tut.

Quelques minutes furent remplies par les actions de grâces de Valentine, mais le caissier, avec une modestie du meilleur goût, coupa court le plus vite possible à ces effusions.

— Il se fait tard, mademoiselle... — dit-il. — Après ce qui vient de se passer vous devez avoir un impérieux besoin de repos... — Je vais prendre congé de vous...

Mademoiselle de Cernay tressaillit et la pâleur de son visage augmenta.

— Qu'avez-vous donc? — demanda vivement Vogel.

— J'ai peur...

— De quoi?...

— Je ne songeais point que ma sœur et moi nous allions nous trouver seules pendant les longues heures d'une nuit interminable... — Si ces hommes revenaient !!...

— Ne craignez pas cela... — répliqua le caissier. — La bande est en pleine déroute... — Ils n'agiront certainement pas sans ordres nouveaux...— Je crois d'ailleurs avoir blessé plus ou moins grièvement deux ou trois de ces drôles, car j'ai entendu des gémissements... — Je vous garantis une nuit paisible... — Fermez bien vos portes derrière moi... Gardez de la lumière dans votre chambre... Placez près de vous ce revolver dont vous sauriez vous servir au besoin... — C'est la chose la plus facile du monde... — Voyez...

Et Vogel expliqua d'une façon nette et rapide le mécanisme du revolver.

— Avez-vous bien compris ?— demanda-t-il ensuite.

— Parfaitement.

— Tout est donc pour le mieux. — Mettez-vous au lit et dormez d'un bon sommeil...

— Dormir !! — répéta Valentine. — Est-ce possible ?

— Pourquoi pas ? — N'êtes-vous point tranquille...

— Non... — Je devrais l'être, je le sais bien... mais c'est plus fort que moi... c'est nerveux... je tremble... j'ai peur...

— Eh ! bien, mademoiselle, puisqu'il le faut pour

vous rassurer complétement, je vais vous dire une chose que je voulais vous cacher...

— Laquelle, monsieur?... — Parlez vite...

— Vous aurez cette nuit, comme autrefois les reines, un garde du corps à votre porte... — Ce sera moi... — Je ne quitterai l'enclos qu'aux premières lueurs de l'aube... et je suis armé... — Vous voyez, mademoiselle, que vous pouvez dormir en paix...

Valentine joignit les mains avec attendrissement.

— Vous ferez cela!!... — s'écria-t-elle.

— Je le ferai, je vous en donne ma parole...

— Ah! monsieur, que vous êtes bon!...

— Est-ce être bon qu'accomplir un devoir?

— En acceptant votre dévouement je suis égoïste et cruelle, je le sens mais le courage me manque pour le repousser... — Que voulez-vous?... j'ai si peur!...

— Savoir que vous dormez parce que je veille, quelle récompense et quelle joie, mademoiselle, songez-y donc!... — répliqua le caissier. — C'est moi qui vous devrai de la reconnaissance...

Une teinte rosée avait refleuri sur les joues de la jeune fille; — cette teinte disparut brusquement.

— Oui, je dormirai cette nuit, grâce à vous, — murmura mademoiselle de Cernay, — mais le péril, aujourd'hui conjuré, renaîtra demain peut-être...

— Peut-être en effet... — dit Vogel.

— Et vous ne pourrez veiller sans cesse... — Les forces d'un homme n'y suffiraient pas... — Un jour viendrait d'ailleurs où votre surveillance serait fatalement en défaut...

— Ce n'est, hélas! que trop vraisemblable...

— Que deviendrais-je, alors?

— Avez-vous confiance en moi, mademoiselle? — demanda Hermann après un silence.

— J'ai confiance en vous comme en Dieu...

— Alors, cherchons ensemble un moyen de salut.

## LV

— Oui,— répéta Valentine avec une sorte d'exaltation, — cherchons ensemble... Et tout conseil venant de vous me semblera une inspiration du ciel... et tout ce que vous me direz de faire, je le ferai sans hésitation...

Hermann s'inclina pour cacher à la jeune fille l'éclair de triomphe qui s'allumait dans ses prunelles aux regards fuyants.

L'empire que, par un coup de maître, il avait su prendre sur mademoiselle de Cernay grandissait de minute en minute.

Désormais il était certain du succès autant qu'on le puisse être d'une chose en ce monde.

— Je crois comme vous, mademoiselle, —

poursuivit-il, — que le comte de Rochegude, furieux d'avoir vu ce soir l'écroulement de ses abominables projets, ne se tiendra point pour battu de façon complète et voudra prendre sa revanche... — D'un moment à l'autre, et très-prochainement sans doute, il agira de nouveau, d'une façon toute différente peut-être, mais tendant au même but...

— Grand Dieu! — balbutia Valentine. — Vous voyez, monsieur, à quel point ma terreur est fondée!...

— Elle le serait, du moins, — répliqua Vogel, — s'il n'existait aucuns moyens de vous soustraire aux tentatives du gentleman débauché...

— Il en existe donc?
— Certes!
— Vous les connaissez?...
— J'en connais un, du moins...
— Infaillible?...
— Oh! absolument.
— Et vous allez me l'indiquer?...
— Sans doute...

— Parlez vite, monsieur Hermann, je vous en supplie... vous voyez mon anxiété, mes angoisses...

— Angoisses vaines qu'il faut chasser à l'instant, puisqu'un péril conjuré n'existe plus... — Le comte de Rochegude, s'il s'obstine dans son entreprise infâme, viendra vous chercher ici, n'est-ce pas?...

Valentine fit un signe affirmatif.

Vogel continua:

— Eh bien! il faut que le comte ou ses agents fassent buisson creux, et que votre trace soit si bien perdue, qu'il leur devienne impossible de la retrouver...

— Est-ce que c'est possible, cela? — demanda la jeune fille.

— Possible et facile.

L'orpheline secoua la tête avec découragement.

— Je crois bien que vous vous trompez... — murmura-t-elle. — Il me semble que l'expédient proposé par vous est impraticable..

— En quoi? — demanda le caissier.

— Où trouverais-je un asile sûr, moi qui ne connais personne au monde? — Comment échapperais-je aux recherches d'un homme à qui sa fortune permet de fouiller tout Paris?

Hermann Vogel garda le silence pendant quelques secondes.

— C'est à présent, — dit-il ensuite, — qu'il me faut faire appel à cette confiance illimitée que vous m'avez promise...

— Ah! — s'écria mademoiselle de Cernay, — elle ne vous manquera pas!!...

— J'ai une parente très-âgée... — poursuivit le caissier, — elle est veuve, sans enfants, possède quelque fortune, m'aime tendrement, me regarde comme son héritier, habite tout près de Paris une maison simple mais confortable, et je doute fort qu'on puisse rencontrer, en ce monde sublunaire, une plus excellente créature...

Hermann s'interrompit.

— Eh! bien? — demanda Valentine.

— Eh! bien, mademoiselle, je m'engage à vous faire disparaître, vous et votre sœur, de manière à déjouer tout espionnage si la rue Mozart est surveillée par les ordres du comte...— Je vous conduirai chez ma vieille parente, et je défierais la police elle-même de vous découvrir dans cette retraite, si la police cherchait vos traces...

— Et, — balbutia l'orpheline, — cette dame consentirait à me recevoir?...

— Elle vous accueillerait comme sa propre fille... Elle vous entourerait de soins maternels et passerait son temps à vous prouver sa tendresse par tous les moyens, car au bout de vingt-quatre heures ma chère parente serait folle de vous... — La maison n'est pas gaie, je dois vous en prévenir, mais nulle part ailleurs vous ne sauriez trouver d'asile plus sacré, plus inviolable...

— Et vous nous y conduiriez bientôt, Claire et moi?...

— Demain soir... — Il me faut le temps de prévenir ma tante et d'organiser votre fugue... — Cette nuit, vous le savez, je veille, et demain, tant qu'il fera jour, vous n'aurez rien à craindre...

Valentine jeta autour d'elle un long regard empreint d'une profonde tristesse.

— Et ces pauvres meubles, — murmura-t-elle, — ces humbles et chers souvenirs, ces vieux amis, précieux pour nous malgré leur valeur presque nulle, que deviendront-ils si je pars?

— Il resteront ici... — répondit Hermann... — Vous emporterez la clef de cette demeure. — Personne en votre absence n'y pourra pénétrer, et, quand tout péril aura disparu, vous retrouverez vos *vieux amis,* puisque vous les nommez ainsi... — Croyez-moi, mademoiselle, n'hésitez pas... — En mon âme et conscience je ne vois qu'un parti à prendre... Celui que je vous offre...

La jeune fille hésita cependant, mais son hésitation ne dura que quelques minutes.

Brusquement elle s'écria:

— Eh bien, c'est dit!... — Au risque d'abuser de votre généreux dévouement, je m'abandonne à vous... J'abdique entre vos mains... — je vous suivrai...

Vogel s'inclina de nouveau.

Une flamme suspecte s'allumait pour la seconde fois dans ses yeux.

— C'est Dieu qui vous envoie la bonne inspiration de vous fier à moi!... — fit-il d'une voix que l'émotion feinte rendait tremblante. — Ah! vous serez sauvée, je le jure!...

— Sauvée par vous, toujours!!... — répliqua Valentine.

Elle ajouta :

— L'endroit où vous nous conduirez n'est pas loin de Paris?... il me semble que vous l'avez dit...

— Je l'ai dit en effet, et cet endroit vous est certainement connu, du moins de nom... — La propriété de ma parente se trouve au Bas-Meudon...

L'entretien de Vogel et de la jeune fille ne se prolongea plus qu'un instant.

Il fut convenu que le lendemain soir, un peu après la tombée de la nuit, le caissier viendrait chercher les orphelines qu'il trouverait prêtes à partir, et qu'elles emporteraient une valise contenant le linge et les menus objets indispensables pour un déplacement de quelque durée.

Puis Hermann quitta la maisonnette en laissant à Valentine un de ses revolvers et en annonçant qu'il passerait la nuit entière à monter la garde dans la rue Mozart et dans l'intérieur de l'enclos.

Hâtons-nous d'ajouter qu'il se garda bien de le faire, et que trois quarts d'heure plus tard il sonnait à la porte de l'appartement particulier de maître Roch.

Les deux associés l'attendaient.

Il leur rendit compte du développement donné par lui à l'action dramatique dont ils avaient tracé le scénario; — il leur répéta de façon presque textuelle sa conversation avec Valentine, et, après l'avoir écouté, les directeurs de la ténébreuse agence de la rue Montmartre se frottèrent les mains en disant, comme le *Rodin* du *Juif-Errant:*

— Ça marche !... Ça marche !...

Nos lecteurs ont déjà compris que Vogel n'avait point mis en avant sans de sérieux motifs la propriété du Bas-Meudon et la dame hospitalière.

La propriété appartenait à maître Roch qui, l'ayant achetée pas cher à une vente sur saisie immobilière, cherchait à la louer toute meublée, chaque saison, mais n'y réussissait que rarement.

La bonne dame était parente de maître Roch et non de Vogel; elle ne possédait aucune fortune et n'habitait point la campagne.

L'ex-avoué, — (dans la dépendance duquel la mettait sa pauvreté), — comptait l'expédier au Bas-Meudon le lendemain matin, avec une servante, après lui avoir longuement *seriné* son rôle, très-facile à jouer du reste.

. . . . . . . . . . . . . . . . . . . . . . . . .

En quittant Roch et Fumel, Hermann se rendit aux Champs-Élysées.

Il allait prendre des nouvelles du comte Lionel de Rochegude...

## LVI

En sonnant à la porte de l'hôtel Rochegude, Hermann éprouvait malgré lui une vague inquiétude.

Tout est possible... — Les choses les moins probables arrivent quelquefois...

Si le docteur dont, à la suite de la rencontre, nous avons reproduit l'arrêt, s'était trompé dans ses conjectures...

Si la blessure, moins grave en réalité qu'en apparence, ne clouait point le comte sur son lit, ou si seulement la guérison devait être prompte, que de difficultés surgiraient, et que d'obstacles, insurmontables cette fois, un second duel étant inadmissible !..

Un registre sur lequel s'inscrivaient les visiteurs était ouvert au rez-de-chaussée de l'hôtel.

Hermann y traça son nom et interrogea un valet de pied.

Les réponses de cet homme firent tressaillir de joie le viscère qui tenait lieu de cœur à Vogel.

Les nouvelles, en effet, ne pouvaient être plus satisfaisantes à son point de vue particulier, — ce qui veut dire qu'elles étaient détestables.

Les prévisions du médecin se réalisaient avec une surprenante exactitude.

Dans l'après-midi de la veille, au moment précis où Lionel de Rochegude sortait de son évanouissement, une fièvre ardente accompagnée de délire s'était emparée de lui.

D'heure en heure, et pour ainsi dire de minute en minute, cette fièvre augmentait d'intensité. — Le délire se changeait en une sorte de folie furieuse. — Le cerveau se prenait de plus en plus.

Ces pronostics de fâcheuse nature donnaient lieu sinon de supposer, du moins de craindre une solution fatale et à bref délai.

Le caissier de la maison Jacques Lefebvre prit une physionomie lamentable, poussa quelques exclamations désolées, quitta l'hôtel, et une fois sur le trottoir de l'avenue des Champs-Élysées se frotta les mains.

Son adresse et les pistolets biseautés de Charles Laurent l'avaient servi à souhait.

Le seul obstacle sérieux qu'il eût à redouter ne se dresserait pas entre le but et lui.

Nous croyons avoir dit que la veille et l'avant-veille Hermann Vogel, obsédé par des préoccupations dont les sujets nous sont connus, avait passé deux nuits presque blanches.

Accablé de fatigue et rassuré d'ailleurs au sujet de l'avenir, il rentra chez lui vers onze heures, dormit d'un lourd sommeil et ne se réveilla que fort tard le jour suivant.

Ce jour étant un dimanche, le caissier, maître de son temps, pouvait faire la grasse matinée.

Le soir précédent maître Roch lui avait dit :

— Venez me prendre demain à midi moins un quart, je vous conduirai quelque part...

A l'heure dite, Vogel entrait chez l'ex-avoué.

— Bravo ! — s'écria ce dernier. — Vous êtes l'exactitude incarnée... — C'est une excellente chose... — J'ai remarqué cent fois que les gens inexacts ne réussissaient point dans la vie... — Vous êtes allé chez votre adversaire ?...

— Hier soir, en vous quittant.

— Comment va-t-il ?

— Aussi mal que possible... — Fièvre cérébrale... transport au cerveau, etc... — Il ne s'en tirera pas...

— Tant pis.

— Pourquoi ?

— La mort de ce jeune homme nous est inutile...
— Qu'il nous laisse le champ libre pendant quinze jours ou trois semaines, et je ne vois aucun inconvénient à ce qu'il se rétablisse ensuite... Mais c'est son affaire et non la nôtre... — Avez-vous déjeuné ?

— Oui.

— Partons alors...

— Où allons-nous ?

— Au Bas-Meudon... — Il est indispensable que vous connaissiez la propriété de *votre parente*, et votre parente elle-même...

— Cette dame est donc installée ?...

— Depuis dix heures du matin... — Elle n'avait d'ailleurs à porter que son bonnet de nuit... — Rien ne manque dans la maison...

— C'est loin, le Bas-Meudon... — Comment irons-nous ?

— Par le chemin de fer de ceinture jusqu'à Auteuil, et à Auteuil nous prendrons un fiacre...

La propriété acquise presque pour rien par maître Roch quelques années auparavant, était située à près de quatre cents mètres de la dernière maison du Bas-Meudon ; or, les rives de la Seine, dans ces parages, ayant la réputation d'être hantées la nuit par une population dangereuse, son isolement effrayait les locataires, et l'homme de loi se désolait de ne point toucher l'intérêt de son argent.

Il serait inutile de chercher aujourd'hui la moindre trace de ce domaine, complétement dévasté pendant les deux siéges de Paris en 1870 et 1871.

En 1858, une muraille de clôture bien entretenue enserrait environ trois mille mètres de terrain boisé s'étalant en pente douce sur le flanc du coteau et descendant jusqu'au bord de la rivière dont le chemin de halage le séparait seul.

La partie la plus proche de la Seine était surélevée et formait une sorte de terrasse plantée de quatre rangées d'arbres magnifiques, âgés de plus de soixante ans.

A mi-côte, et presque cachée par les feuillages luxuriants des marronniers, s'élevait la villa, construction déjà ancienne, solidement bâtie, confortablement distribuée, mais dépourvue de toute élégance extérieure.

De l'autre côté se trouvait une pelouse étroite, puis un petit bois très-touffu.

Prise entre ce bois qui la dominait par derrière et les arbres de la terrasse qui masquaient la vue et ne permettaient point au regard d'arriver jusqu'aux charmants horizons de la Seine, cette maison était triste et paraissait humide quoique bâtie sur la hauteur.

A droite et à gauche de la terrasse s'élevaient deux bâtiments sans grande importance.

Celui de gauche servait de logement au jardinier chargé par maître Roch de la surveillance et de l'entretien.

Celui de droite, toujours inoccupé, était à destination d'écurie et de remise.

Le fiacre pris à Auteuil par l'ex-avoué fit halte devant la grille de l'enclos.

Roch et Vogel descendirent.

Le jardinier, reconnaissant son propriétaire, accourut.

— J'attendais monsieur... — s'écria-t-il en ouvrant la grille. — La tante de monsieur est arrivée ce matin vers les dix heures, avec sa petite bonne, et m'a prévenu de la visite de monsieur, à qui je présente mes salutations...

— Je les accepte, Lambert... — répondit maître Roch, puis sans transition il ajouta en désignant Vogel : — Vous voyez monsieur ?...

— Dame ! à moins d'être aveugle... — fit le jardinier avec un gros rire.

— Vous le reconnaîtrez quand vous le reverrez ?...

— Oh ! j'ai bonne mémoire...

— Eh bien ! Lambert, je vous donne la consigne d'obéir à monsieur comme à moi-même... — Monsieur s'appelle Hermann Vogel, — (souvenez-vous de ce nom) — il amènera ce soir une jeune fille et une enfant dont ma parente se charge, et il viendra souvent les voir... — Vous conviendrez avec lui d'un signal qui vous avertira de son approche, et vous lui ouvririez sans retard s'il arrivait à une heure avancée... — Bref, je vous mets absolument à ses ordres...

— Suffit, monsieur...

— Défense absolue, — reprit maître Roch, — de bavarder avec les pupilles de ma parente... — Si l'une d'elles vous questionnait par hasard, vous auriez soin de répondre d'un air bête que vous êtes nouveau ici et que vous ne savez rien... — Est-ce compris ?

— C'est compris, monsieur... Ça me connaît et j'aurai l'air aussi bête que si je l'étais...

— Fort bien ! — fit l'homme de loi. — Lambert, voici vingt francs de gratification...

— Et à ces vingt francs je joins un louis... — ajouta Vogel.

Le jardinier-concierge se confondit en actions de grâces auxquelles maître Roch coupa court.

— Ma parente nous attend... — dit-il à Vogel, — venez, je vais vous présenter...

Et il se dirigea vers la triste demeure qui devait être, un peu plus tard, le théâtre d'un drame étrange et terrible.

## LVII

Tout en suivant avec Vogel l'allée droite tracée sous les marronniers, l'ex-avoué reprit :

— Ma parente, qui répond au nom prétentieux d'Herminie Cauchepin, veuve Rigal, est âgée de soixante-cinq ans et n'a jamais eu d'enfants. — Son mari, fort honnête homme, mais très-maladroit négociant mort en faillite, l'a laissée sans un sou...
— Je remplis mon devoir et je lui donne de quoi vivre, ce qui vous explique sa docilité... — A la moindre résistance de sa part à n'importe laquelle de mes volontés, je l'abandonnerais... — Il ne lui resterait alors qu'à mourir de faim... — Elle le sait, aussi je puis compter absolument sur elle... — C'est une bonne créature dont l'intelligence ne

dépasse point la moyenne, tant s'en faut, mais elle a beaucoup de mémoire et suffisamment de bonne volonté... — Elle excelle à répéter une leçon d'un air très-convaincu et ne me compromettra jamais par une indiscrétion ou par un oubli... — Du reste vous allez la voir, et vous la jugerez du premier coup d'œil...

— Est-elle prévenue de ce qu'elle doit faire ici ?— demanda le caissier.

— Parfaitement. — Ce matin, avant de l'emballer dans la voiture qui l'amenait céans, je lui ai dit tout ce qu'il importait qu'elle sache...

— Et elle le sait bien ?

— Sur le bout du doigt... — Tout à l'heure nous nous assurerons, en la questionnant, que son rôle est solidement entré dans sa tête...

Les deux hommes avaient atteint la maison dont le voisinage trop immédiat des grands arbres rendait verdâtre le crépissage.

Maître Roch poussa une porte vitrée, traversa un vestibule dallé de pierres polies blanches et noires, garni de deux bancs de jardin en guise de banquettes, et entra dans un salon aux boiseries grises, orné d'un meuble du temps de l'Empire en acajou et velours d'Utrech.

Une petite vieille, assise dans une ample bergère

auprès d'une fenêtre, et ses lunettes sur le nez, lisait attentivement un volume de roman à couverture jaune crasseuse.

Cette petite vieille plus ridée, plus ratatinée, que ne le comportait son âge, était vêtue avec une simplicité presque pauvre et portait un bonnet de tulle à grandes ruches, vénérable échantillon d'une mode disparue depuis longtemps déjà.

Au bruit de la porte qui s'ouvrait elle tourna la tête, et reconnaissant l'homme de loi elle se leva, vint à lui en trottinant, lui prit et lui serra les mains et fit ensuite à Hermann une belle révérence de dignité première.

Herminie Cauchepin, veuve Rigal, n'avait vraiment point mauvaise figure. — Ses petits yeux aux paupières molles, ses joues bouffies et plissées comme des pommes de reinette, sa lèvre inférieure un peu tombante, lui donnaient une physionomie à la fois douce et insignifiante.

— Vous trouvez-vous bien ici, tante Rigal ? — lui demanda M° Roch.

— C'est-à-dire que cette maison est de point en point un paradis terrestre... — répliqua la vieille dame. — Vous savez que j'adore la campagne... — Mon rêve serait d'y passer ma vie...

— C'est un rêve qui se réalisera peut-être...

— Vrai ?

— Pourquoi pas ? — Si je suis content, je pourrai très-bien vous acheter une maisonnette quelque part.... à Courcelles ou à Levallois-Perret...

— Quel bonheur!...

— Mais il faut la gagner, cette maisonnette...

— Je ferai tout pour cela... tout absolument...

— J'y compte... — Tante Rigal, je vous présente votre neveu... — continua l'homme de loi en désignant son compagnon...

— Alors, — reprit la vieille dame avec une nouvelle révérence, — c'est monsieur qui se nomme Hermann Vogel ? C'est lui qui est caissier de la maison de banque Jacques Lefebvre ?... C'est lui qui désire épouser dans le plus bref délai mademoiselle Valentine de Cernay, une jolie jeune fille sans le sou ?...

— Lui-même... — dit maître Roch en regardant Hermann avec un sourire, puis il ajouta : — Je vois avec plaisir, tante Rigal, que la mémoire est solide au poste...

— Toujours solide... — répliqua la veuve, — solide comme à dix-huit ans... — Ainsi donc voilà mon neveu... un beau garçon, vraiment!... Enchantée de faire sa connaissance... d'autant que je l'admire de toutes mes forces, parole d'honneur !... — Un amour désintéressé comme le sien, c'est superbe, c'est romanesque, ça me rappelle le temps de ma jeunesse...

— Oui, c'est ainsi que m'aima feu Rigal, car moi non plus je n'avais pas grand'chose... mais j'étais si gentille... un minois chiffonné qu'on trouvait enchanteur...

La bonne dame essuya une larme d'attendrissement et continua :

— Non, vrai, je vous assure qu'il me tarde de connaître la jolie petite demoiselle... Elle doit être intéressante au suprême degré... A quelle heure l'amènerez-vous, mon neveu Vogel?

— Entre dix et onze heures du soir, ma chère tante, avec sa sœur...

— Je les recevrai à bras ouverts, les doux agneaux, les pauvres anges !... Ah ! je n'aurai certes pas besoin de leur jouer une comédie de tendresse... — Je sens que je les aime déjà... — Je suis sentimentale et tendre à l'excès... — Elles seront choyées, soignées, dorlotées, je vous le garantis ! ! — Une bonne mère ne ferait pas mieux...

— Tout cela c'est parfait, — répliqua maître Roch, — mais ce serait insuffisant... — N'oubliez pas ce qu'il faudra répéter à Valentine, chaque jour et presque à chaque instant...

— Soyez paisible... — Je ne tarirai point sur le

10.

compte de mon neveu Vogel... — Je ferai à tout propos et hors de tout propos l'éloge de ses vertus, de ses qualités, de ses mérites, de sa générosité, de sa sincérité, de son bon cœur, et cœtera... Je répéterai sur des tons variés que la jeune fille qu'il aimera et qu'il épousera sera la plus heureuse personne du monde... — Et tout ça naturellement, sans avoir l'air, comme entraînée par la force de mes sentiments pour un pareil et si parfait jeune homme... — Hein ? c'est bien ça ?...

— Oui, tante Rigal, c'est bien ça... — répondit l'ex-avoué en riant. — Une fois qu'on vous a montré le chemin, on peut vous mettre la bride sur le cou... Vous allez toute seule...

Maître Roch fit visiter la maison entière à Vogel puis, après quelques dernières recommandations de détail à la vieille dame, les deux hommes reprirent le chemin de Paris.

Le même jour, un peu après la tombée de la nuit, Hermann descendit de voiture à la porte de l'enclos de la rue Mozart et gagna la maisonnette dont Valentine lui ouvrit la porte, non sans s'être assurée de son identité.

— Vous venez nous chercher? — demanda la jeune fille un peu tremblante.

— Oui, mademoiselle...— Ma tante est prévenue...

Elle sera heureuse de vous recevoir... Elle vous attend avec impatience...

— Ah! monsieur Vogel... cher monsieur Vogel... que ne vous devrai-je pas?...

— Ne parlons point de cela, mademoiselle, je vous en supplie, et hâtons-nous... — Votre valise est prête?...

— Depuis une heure...

— Rien ne vous retient plus ici?...

— Absolument rien...

— Alors partons... — La voiture est là... — Donnez-moi la valise et venez...

— Au moment de quitter cette maison, — murmura Valentine, — voilà que de nouveau la frayeur s'empare de moi...

— A quel sujet?

— Si nous étions suivies... épiées?...

— Ne craignez rien de semblable... — Le cas est prévu... Toutes les mesures sont prises pour dépister les espions que votre persécuteur pourrait mettre à nos trousses... — Je crois sérieusement qu'il n'en fera rien, car il n'a pu soupçonner vos projets de départ et donner des ordres en conséquence...

La justesse de cette observation rassura quelque peu Valentine.

Elle remit à Hermann la légère valise de bois blanc contenant un peu de linge pour elle et pour sa sœur; elle prit la petite Claire par la main, puis, le cœur bien gros, les yeux pleins de larmes, elle sortit de cette humble maisonnette où elle avait vécu si longtemps, et dont elle ferma la porte derrière elle.

En traversant le jardinet, la jeune fille balbutia:

— Personne n'aura soin de mes chères fleurs!...
— Personne n'arrosera mes pauvres rosiers que j'aimais tant!... — Ils vont mourir!...

Hermann avait entendu.

— Rassurez-vous, — répondit-il, — l'eau ne leur manquera pas. — Rosiers et fleurs seront soignés comme si vous étiez là...

— Par qui? — demanda vivement l'orpheline.

— Par moi, mademoiselle...

— Ah! vous êtes bon...

— Est-ce être bon que d'aimer les fleurs?... — murmura le caissier.

Valentine lui serra la main.

Nos trois personnages arrivèrent à la porte de l'enclos sans avoir rencontré personne.

La rue Mozart était silencieuse.

Vogel installa mademoiselle de Cernay et sa sœur dans le coupé de louage et referma la portière.

— Vous ne montez donc pas? — lui demanda Valentine très-surprise.

— Pardon, je monte, mais sur le siége... — répondit-il. — De là je pourrai m'assurer facilement que personne ne songe à nous donner la chasse...

Hermann prit place à côté du cocher et le cheval partit au grand trot...

## LVIII

Le cocher du coupé de louange était absolument à la dévotion de Roch et Fumel.

Il avait reçu l'ordre de se conformer sans mot dire à toutes les indications données par Vogel, même si ces indications lui semblaient bizarres et inexplicables.

Aussi jamais voiture n'eut des allures plus fantaisistes.

D'abord le cheval marcha bon train, se dirigeant, non du côté du Point-du-Jour et par conséquent du Pont-de-Sèvres, comme la logique semblait l'indiquer, mais du côté du bois de Boulogne qu'il gagna par la grille de la Muette, supprimée depuis le siége de Paris.

Une fois dans le bois, le pauvre animal vigoureusement fouetté fut mis au galop et dut parcourir à fond de train près de deux kilomètres.

A l'extrémité de l'allée des Acacias, Vogel commanda de faire halte, puis sautant à bas du siége il se présenta à la portière après avoir dit, assez haut pour être entendu de Valentine :

— Éteignez les lanternes... vite!...

Le cocher obéit avec empressement et la voiture se trouva plongée dans une obscurité profonde.

— Qu'y a-t-il donc ? — demanda la jeune fille, dont une émotion mêlée d'épouvante faisait battre le cœur. — Pourquoi cette course d'une rapidité folle ? Pourquoi ce temps d'arrêt ?...

— Il y a, mademoiselle, que nous sommes suivis... — répondit le caissier...

— Vous en êtes sûr ?

— J'en ai la preuve... — Deux individus, cachés par les palissades de l'enclos, se sont mis en mouvement derrière nous... — Avez-vous remarqué, au bout de la rue Mozart, un cabriolet ?

— Non...

— Les deux hommes y sont montés et le cabriolet a pris chasse ; c'est pour cela que nous avons couru bride abattue pendant vingt minutes... — Heureusement notre cheval est une vigoureuse bête... — Nous avons distancé les espions... — J'ai tout lieu d'espérer qu'ils ont perdu nos traces et je vais faire en sorte d'en acquérir la certitude...

— Comment?

— En retournant sur mes pas jusqu'à l'angle formé par le point d'intersection de cette avenue et de celle que nous venons de quitter... — Si je ne vois pas le feu des lanternes du cabriolet, c'est que les limiers, désespérant de nous rejoindre, ont repris le chemin de Paris.

— Allez-vous donc nous laisser seules? — fit Valentine avec angoisse.

— Je vais à cinquante pas d'ici, tout au plus, et je reviens... — répliqua Vogel en quittant la portière.

Au bout d'un instant il reparut.

— Personne derrière nous, — dit-il. — Nous pouvons marcher sans crainte...

Il remonta sur le siége; les lanternes furent rallumées et le cheval reprit le grand trot.

Nous croyons inutile d'affirmer à nos lecteurs que les détails prodigués par le caissier étaient imaginaires, et que personne au monde ne songeait et ne pouvait songer à espionner les orphelines.

Une seule créature humaine portait à Valentine un intérêt profond, passionné, c'était Lionel de Rochegude, et Lionel, en ce moment, se débattait contre le délire sur son lit de souffrance...

La voiture passa la rivière au pont de Suresnes, longea le parc de Saint-Cloud, celui de Sèvres, traversa le Bas-Meudon et s'arrêta un peu avant onze heures en face de la maison de maître Roch.

— Nous sommes au terme de notre course... — dit Hermann.

Le jardinier-concierge était sur le qui-vive. — Il se précipita pour ouvrir la grille.

— Ah! monsieur Vogel, — s'écria-t-il, — comme vous arrivez tard!!... — Madame Rigal vous attend, vous et les jeunes demoiselles, avec bien de l'impatience... — Elle commençait à se sentir inquiète, la chère dame... — La bonne est venue plus de dix fois me demander si je n'entendais pas rouler une voiture... — Il n'est rien arrivé de fâcheux en route?...

— Rien absolument... — répliqua le caissier.

— Y a-t-il des bagages?

— Cette valise, et pas autre chose...

— Coucherez-vous ici, monsieur Vogel?...

— Non... — Je repartirai pour Paris dans un quart d'heure... — Apportez une bouteille de vin au cocher... — Ça vous fera trouver le temps moins long, hein, mon brave?...

— Ça n'est pas de refus, bourgeois... — répliqua l'automédon.

Hermann offrit son bras à Valentine qui prit Claire par la main, et tous trois, sous la conduite du jardinier porteur d'une lanterne, se dirigèrent vers la maison en passant sous les marronniers.

Herminie Cauchepin, veuve Rigal, malgré son impatience prétendue dormait aux trois quarts dans la bergère du salon aux boiseries grises.

Ce salon était éclairé, comme pour une petite fête de famille, par une lampe et quatre ou cinq bougies.

Le bruit des pas des nouveaux venus réveilla la bonne dame qui, nous devons le dire, joua le mieux du monde son rôle de parente affectueuse, tendre, dévouée, sentimentale et quelque peu romanesque.

— Les voilà donc ces belles mignonnes que je vais aimer de tout mon cœur!! — s'écria-t-elle en assujettissant sur son nez ses besicles d'argent. — Ah! qu'elles soyent les bienvenues dans ce modeste et simple asile, ces chères brebis du bon Dieu!! — Si pour être bien heureuses il suffit d'être bien aimées, elles y jouiront du parfait bonheur!

— Mademoiselle Valentine, — dit Vogel à demi voix, — vous ferez un vif plaisir à mon excellente tante en l'embrassant... — Vous voyez combien est sincère sa joie de vous recevoir... — Pendant toute la durée de votre séjour ici, elle sera pour vous une mère...

— Je ne sais, madame, comment vous témoigner

ma reconnaissance pour votre touchant accueil... — murmura timidement mademoiselle de Cernay. — Voulez-vous me permettre de vous embrasser?...

— Si je le veux? — répliqua la veuve Rigal avec exaltation. — Mais je le crois bien, que je le veux! — Dans mes bras, trésor!... sur mon cœur!... — Vous le sentirez battre pour vous!...

Elle attira Valentine à elle et couvrit de baisers son front, ses joues et ses cheveux, puis, l'éloignant de deux ou trois pas pour la regarder mieux, elle reprit :

— Qu'elle est jolie!... Qu'elle est bien faite!... Que de grâce et quelle élégance dans la tournure et dans le maintien, avec un air de sagesse et de modestie qui ne saurait être trompeur!!... — Elle a tout pour elle, cette enfant-là! — Positivement, c'est un bijou... Oui, un bijou!... et je m'y connais... Je le disais bien, c'est un trésor!

— Madame... chère madame... — commença Valentine embarrassée par ces éloges trop directs et d'un goût douteux.

La veuve Rigal lui coupa la parole en s'écriant :

— Eh! bien, et l'autre, la gentille et mignonne poulette blanche, est-ce qu'elle ne viendra pas m'embrasser aussi de toutes les forces de son petit cœur?

Et Claire dut à son tour subir comme sa sœur les véhémentes accolades de la bonne dame...

On conduisit ensuite les orphelines à l'appartement qui devait être le leur et qui se composait d'une petite antichambre, d'une très-vaste chambre à deux lits et d'un cabinet de toilette.

Cette chambre, la plus belle de la maison, occupait une importante partie du premier étage.

De ses trois fenêtres, donnant du côté de la rivière, on aurait découvert un paysage enchanteur si les cîmes des marronniers n'avaient masqué la vue.

Maître Roch, ayant acheté la maison toute meublée, s'était bien gardé de changer au mobilier quoi que ce soit.

Les rideaux et les garnitures des siéges offraient des échantillons d'une toile perse démodée depuis vingt ans, et décolorée d'ailleurs par le soleil des étés et par l'humidité des hivers.

Aux murs pendaient de vieux pastels dans des cadres ovales, et ces pastels ressemblaient à des images de spectres, tant leurs teintes primitives avaient disparu l'une après l'autre. — A peine si l'on distinguait çà et là les linéaments vagues indiquant des visages humains...

L'ensemble de ces choses n'était rien moins que gai.

Valentine affirma néanmoins qu'elle et sa sœur se trouveraient à merveille dans cette chambre immense, et en l'affirmant elle était sincère...

Hermann Vogel repartit pour Paris, mais l'on convint avant son départ qu'il viendrait dîner le lendemain au Bas-Meudon et qu'il y passerait la soirée.

— Cher neveu, — lui cria sa prétendue tante au moment où il allait quitter la maison, — n'oubliez pas surtout d'apporter un homard... Vous savez que j'adore le homard... et des crevettes aussi... les crevettes, c'est ma folie...

## LIX

Le lendemain, entre cinq heures et demie et six heures, Hermann Vogel arrivait au Bas-Meudon.

Nous croyons presque superflu d'affirmer qu'il n'avait eu garde de mettre en oubli les recommandations gourmandes de madame veuve Rigal, et qu'il apportait non-seulement une langouste de première grosseur, mais une livre de magnifiques crevettes roses venues de Dieppe par le dernier train de marée.

La bonne dame, après avoir déballé de ses propres mains ces recommandables comestibles, poussa un soupir de contentement et embrassa sur les deux joues son neveu de fantaisie qui se prêta de fort bonne grâce à cette accolade dont le régal lui semblait pourtant médiocre.

Valentine ne pouvait faire autrement que d'accueillir d'une façon très-affectueuse son prétendu sauveur.
— Elle eut pour lui son meilleur sourire, puis elle poussa Claire dans ses bras en disant à la petite fille:

— Embrasse monsieur Vogel, ma mignonne... — Un jour tu comprendras ce que nous lui devons...

Claire obéit, mais sans le moindre enthousiasme.

L'instinct des enfants ressemble beaucoup à celui des chiens; il est irraisonné et se trompe rarement

Malgré la petite animation résultant de la présenc du caissier, le dîner ne fut pas d'une gaieté folle.

Sauf la veuve Rigal que sa gourmandise satisfaite disposait à l'expansion, tous les convives semblaient préoccupés et restaient à peu près silencieux.

La raison en est toute simple.

Mesdemoiselles de Cernay, habituées à leur intérieur modeste, mais charmant, se trouvaient dépaysées et mal à l'aise dans cette demeure étrangère si différente de la maisonnette de la rue Mozart.

Valentine s'était mortellement ennuyée toute la journée.

L'inaction complète avait été pour elle, jusqu'à ce jour, un supplice inconnu...

Elle regrettait ses pinceaux, ses châssis, sa palette de porcelaine, comme on regrette des amis intimes dont on se trouve brusquement séparé.

Le jardin trop couvert où l'épaisseur des feuillages laissait rarement pénétrer, même en plein midi, un rayon de soleil, lui faisait l'effet d'une prison de verdure.

Elle aurait bien trouvé quelque plaisir à se promener avec Claire sur la berge de la Seine, et à regarder les pêcheurs, très-nombreux dans ces parages; mais, dominée par l'idée fixe qu'on la cherchait sans doute et que tout pour elle devenait périlleux hors d'une réclusion absolue, elle n'osait sortir...

La veuve Rigal, — (nous devons lui rendre cette justice), — avait offert à la jeune fille de la distraire par sa conversation, mais Valentine — (sans se l'avouer à elle-même, dans la crainte de commettre un crime de lèse-reconnaissance) — trouvait la bonne dame horriblement vulgaire, et la considérait comme faisant partie d'une couche sociale absolument inférieure.

Enfin, et surtout, l'orpheline souffrait du réveil terrible succédant au rêve idéal qu'un moment elle avait pu prendre pour la réalité...

La perte de ses belles illusions mettait au fond de son âme une grande amertume, et son jeune cœur laissait couler goutte à goutte le sang de sa première blessure...

Hermann était bien trop intelligent pour ne pas deviner au moins en partie ce qui se passait dans l'esprit de Valentine, et il parlait à peine de peur de froisser mademoiselle de Cernay par quelques paroles imprudentes.

Quoiqu'on fût presque à la fin de l'automne, la soirée brûlante permettait de croire qu'un orage éclaterait pendant la nuit.

On respirait difficilement tant l'atmosphère chauffée à blanc et saturée d'électricité oppressait les poitrines.

Aussitôt après le repas Vogel proposa aux deux sœurs d'aller chercher dans le jardin un air un peu moins lourd.

En même temps il lançait à la veuve Rigal un regard dont la signification très-claire était celle-ci :

— Ne nous suivez pas...

La prétendue tante du caissier comprit et dit tout haut :

— Allez, mes enfants... — J'ai quelques ordres à donner à ma petite bonne... — Je vous rejoindrai tout à l'heure.

A droite et à gauche de la porte de la maison se trouvaient des bancs rustiques.

Vogel fit asseoir Valentine et Claire sur l'un de ces

11.

bancs et s'assit lui-même en ayant soin, avec un tact merveilleux, de placer la petite fille entre lui et sa sœur aînée, afin de ne causer à cette dernière aucune inquiétude.

L'obscurité était compacte, la lune ne devant se lever qu'une heure plus tard et les nuages orageux empêchant d'arriver jusqu'à la terre : *cette pâle clarté qui tombe des étoiles...*

— Mademoiselle Valentine, — dit le caissier après un instant de silence, — vous êtes triste...

— Mais non... — murmura la jeune fille, — non... je vous assure...

— Oh! ne niez pas! — interrompit Hermann. — A quoi bon? — Le témoignage de mes yeux ne saurait me tromper. — Votre tristesse et vos préoccupations sont visibles... — Ne me cachez rien, je vous en prie... — Je crois avoir des droits à votre confiance tout entière... — Parlez-moi franchement... — Qu'avez-vous?

— Eh bien, franchement, — répliqua Valentine, — il m'est très-difficile, il m'est presque impossible de répondre à votre question...

— Pourquoi?

— J'éprouve, cela est certain, un profond sentiment de mélancolie, mais si complète que soit ma confiance en vous, si grande que soit ma bonne volonté, je ne saurais définir les causes de cette mélancolie. — Je ne les connais pas.

— Nous les trouverons ensemble... — Voulez-vous me permettre, mademoiselle, de vous adresser une question ?

— Certes !...

— Ma tante est une excellente femme... — reprit Hermann. — Je rends pleine justice à ses précieuses qualités, mais je connais aussi ses défauts... — Sa nature un peu triviale, ses habitudes ultra-bourgeoises, doivent vous paraître au moins singulières, à vous dont une duchesse envierait la distinction native... — En outre ma tante, depuis son veuvage, vit dans une solitude absolue et n'a rien conservé de la très-faible dose d'habitude du monde qu'elle avait autrefois... J'espère cependant que vous n'avez à vous plaindre d'elle sous aucun rapport, et que son accueil du premier moment, cet accueil si rempli de cœur et de tendresse, ne s'est point démenti...

— Ah ! certes non ! — s'écria Valentine avec conviction. — Madame Rigal est la bonté même... — Nous ne saurions trop nous louer de ses bons procédés, de ses soins de chaque minute, de sa sollicitude incessante, et nous conserverons pour elle une impérissable reconnaissance...

— Alors, — continua le caissier, — c'est la maison qui ne vous plaît pas?...

— Il est certain, — murmura la jeune fille, — que cette maison, je ne sais pourquoi, inspire des idées un peu sombres et que les heures y paraissent interminables... — Rue Mozart, au contraire, dans notre pauvre petite bicoque, les jours filaient comme un éclair... — On arrivait trop vite au soir...

— C'est qu'à Passy vous aviez le travail, ce fidèle compagnon des heures rapides.

— Peut-être, en effet...

— Eh! bien, qui vous empêche de travailler ici?...

— Je n'ai rien de ce qu'il me faut pour cela...

— Il m'est facile de vous procurer ce qui vous manque...

— Est-ce bien la peine? — Croyez-vous donc que notre séjour dans cette maison doive se prolonger, et que le péril qu'il a fallu fuir subsistera longtemps encore?...

— En mon âme et conscience, oui, je le crois... — répondit Vogel d'un ton grave. — J'ai la conviction que votre persécuteur remuera ciel et terre pour vous retrouver avant de se déclarer vaincu...

Valentine laissa tomber sa tête avec découragement.

— Mais, c'est affreux, cela!!!... — balbutia-t-elle.

— Et ne pouvoir rien contre cet homme abominable !! Être impuissante !... Être désarmée !!...

— Pardon, mademoiselle, — répliqua Vogel, — vous avez une arme à votre disposition...

— Laquelle ?

— Il vous manque malheureusement un protecteur légal assez fort pour vous défendre, tel qu'un frère ou tel qu'un mari, mais vous pouvez, si bon vous semble, vous adresser à la police et lui demander de veiller sur vous...

— A la police ! — répéta Valentine. — Mais alors il faudrait raconter la tentative d'enlèvement dont, sans vous, j'aurais été victime ?...

— Il le faudrait, c'est clair...

— Jamais ! — s'écria l'orpheline. — Il est des violences qui, lors même qu'elles échouent, me semblent laisser une tache sur l'honneur des jeunes filles... — Plutôt que de divulguer ainsi ma honte imméritée, je mourrais !...

— Alors, mademoiselle, puisqu'il en est ainsi, — répondit Vogel, — résignez-vous à vivre quelque temps dans l'asile sûr où vous êtes... — Permettez-moi d'aller chercher demain, rue Mozart, tout votre attirail de peinture, et peut-être, en vous l'apportant, aurai-je du nouveau à vous apprendre...

## LX

En entendant prononcer le nom de cette rue Mozart où elle avait été relativement heureuse, mademoiselle de Cernay tressaillit, ses joues s'empourprèrent, une flamme fugitive brilla dans ses regards, mais ces symptômes d'émotion vive n'eurent que la durée d'un éclair.

La jeune fille reprit son calme habituel et répondit :

— Soyez certain, monsieur Hermann, que j'apprécie comme je le dois l'hospitalité si généreuse de votre tante, et que ma gratitude est profonde... — La tristesse irraisonnée qui m'oppresse est causée par un changement complet d'habitudes, et surtout, je le crois comme vous, par le manque absolu de toute occupation régulière. — Allez donc à Passy demain, puisque vous êtes assez bon pour me l'offrir, et apportez-moi les instruments de ce travail que vous nommiez avec tant de justesse *le fidèle compagnon des heures rapides*... — Apportez en même temps, je vous en prie, le grand carton plein de gravures anciennes... — Vous le connaissez bien, ce carton, — ajouta Valentine en souriant, — puisque c'est vous qui me l'avez donné...

— Tout cela sera fait, mademoiselle, — répliqua Vogel, — mais il me faut la clef de votre maison...

— La voici...

— Il me faut en outre une autorisation écrite d'entrer chez vous et d'en enlever divers objets... — poursuivit le jeune homme.

— Une autorisation écrite?... — répéta l'orpheline, — à quoi bon?...

— Mais tout simplement à m'éviter d'être pris pour un voleur et conduit au poste si l'on s'étonnait de me voir en possession de votre clef et faisant main basse sur des choses qui vous appartiennent...

— C'est juste... — Dictez-moi donc ce qu'il faut que j'écrive...

Vogel dicta. — Valentine écrivit.

Le caissier mit la clef dans sa poche et glissa dans son portefeuille l'autorisation bien en règle.

Puis, après avoir serré la main de mademoiselle de Cernay, embrassé Claire et subi une nouvelle et véhémente accolade de sa prétendue tante, il se dirigea vers la porte.

— Mon cher neveu, — lui demanda la veuve Rigal en l'arrêtant, — viendrez-vous dîner demain ?...

— Si vous voulez bien le permettre...

— Je vous le permets et même je vous y engage ; mais surtout n'oubliez pas d'apporter des perdreaux... Vous savez que je les adore... Vous ferez bien d'y joindre quelques truffes...

— Ce n'est pas la saison, chère tante...

— Bah ! je ne fais point fi des truffes conservées... — Une boîte d'un kilo suffira... — Prenez en même temps un sac de petits fours et une bouteille de fine champagne...

— Et, avec ça ? — demanda Vogel en riant.

La veuve Rigal répondit très-sérieusement :

— Pas autre chose pour demain...

La journée du lendemain parut plus longue encore à Valentine que celle de la veille.

Vogel aurait eu presque le droit de se croire aimé, ou du moins tout près de l'être, s'il avait su avec quelle fiévreuse impatience la jeune fille l'attendait.

Il se serait abusé cependant de façon complète sur les motifs de cette impatience dont une parole prononcée par lui le soir précédent était l'unique cause.

— *Peut-être aurai-je du nouveau à vous apprendre...* — avait-il dit, et Valentine, quoique n'ayant point relevé ces mots, les commentait dans sa pensée.

A coup sûr Hermann Vogel, en s'exprimant ainsi, songeait au comte de Rochegude et à ses agissements.

Quelle tentative nouvelle l'officier de hussards pourrait-il avoir accomplie ?...

Voilà ce que mademoiselle de Cernay se demandait sans cesse, et nulle réponse vraisemblable ne se présentait à son esprit.

Hermann, comme s'il eût pris à tâche d'augmenter l'agitation nerveuse de la jeune fille et de la pousser à son paroxysme, arriva beaucoup plus tard que le jour précédent.

A sept heures passées on allait se mettre à table sans lui, quand il parut enfin, portant d'une main les châssis, la boîte à couleurs, le grand carton de Valentine, et de l'autre un paquet de comestibles variés.

— Heureusement les perdreaux sont tout plumés ! — s'écria madame Rigal. — On va les mettre à la broche séance tenante... Les truffes serviront demain pour un simple poulet... — Nous dînerons dans un quart d'heure.

Et la gourmande veuve s'élança vers la cuisine.

— Devinez-vous pourquoi je me suis fait si longtemps attendre? — demanda Vogel à Valentine.

La jeune fille secoua négativement la tête.

— C'est qu'ainsi que je le pressentais hier, il y a *du nouveau...* — dit Hermann.

Mademoiselle de Cernay pâlit, mais n'interrogea point.

Hermann continua :

— Votre départ inexpliqué, incompréhensible pour vos voisins, a mis l'enclos de la rue Mozart en ébullition. — On avait entendu la nuit précédetne des coups de pistolets... — Les habitants des maisonnettes, vous croyant enlevée ainsi que votre sœur et peut-être même assassinées toutes deux, allaient s'adresser collectivement au commissaire de police et solliciter une enquête sur les événements mystérieux qui leur troublaient l'esprit... — Mon arrivée et surtout l'autorisation écrite et signée par vous ont rassuré tout le monde et ramené le calme dans les esprits... — J'ai su par le brave homme qui s'acquitte à ses heures des fonctions de concierge, que des gens à mine suspecte rôdaient depuis la veille autour de l'enclos et que l'un d'eux, à plusieurs reprises, avait eu l'impudence de sonner à votre porte, se prétendant chargé pour vous d'un important message...

» Bientôt du reste la preuve matérielle que le concierge n'exagérait rien s'est offerte à moi, car, au moment où après avoir quitté votre gentille demeure je me dirigeais en fiacre vers le chemin de fer, je m'aperçus que j'étais suivi...

» Deux espions me donnaient la chasse, et c'est tout au plus, je vous assure, s'ils se cachaient pour me *filer*...

» Ces gredins, convaincus que j'allais vous rejoindre, comptaient, en ne me perdant pas de vue, arriver jusqu'à vous...

» Il s'agissait de les lancer sur une fausse piste...

» J'employai pour y parvenir des moyens compliqués dont le détail vous semblerait fastidieux et serait d'ailleurs inutile... — Il me suffira de vous dire que j'ai réussi, mais non sans peine et sans perte de temps... — Voilà pourquoi je suis en retard... »

Tandis qu'Hermann Vogel racontait ce qui précède, un tremblement nerveux s'était emparé de Valentine.

— Mon Dieu, — balbutia-t-elle d'une voix que la peur rendait presque indistincte, — si vous vous étiez trompé cependant... — Si ces hommes ne s'étaient point laissé dépister... S'ils connaissaient ma retraite... Je serais perdue...

— Ne craignez point cela, mademoiselle, — répondit le caissier. — J'ai la certitude absolue de ce que j'avance, et jusqu'à nouvel ordre vous n'avez rien à craindre ; mais il est positif que ma visite à l'enclos de la rue Mozart était une imprudence dont il faudra se garder à l'avenir... — J'ai été aujourd'hui plus habile ou plus heureux que les espions... Demain peut-être ils seraient plus adroits ou plus heureux que moi, et surprendraient le secret de votre séjour ici... — D'ailleurs, à quoi bon nous renseigner désormais ?... — Nous n'avons rien à apprendre... — Nous savons d'avance que le comte de Rochegude, votre persécuteur, ne se tiendra pas de longtemps pour battu et qu'il employera tous les moyens, même les plus lâches et les plus infâmes, pour prendre sa revanche d'une première défaite... — Ah ! cet homme est un misérable, mais il est fort par sa fortune et par sa position, et puisqu'une délicatesse de sentiment, exagérée peut-être, mais respectable à coup sûr, vous interdit de requérir contre lui l'aide de la police, il vous faudrait je le répète, pour le défier impunément, le bras autorisé d'un frère ou d'un mari...

Valentine baissa la tête sans répondre.

Elle s'avouait tout bas qu'Hermann disait vrai ; mais, hélas ! elle n'avait point de frère, et, depuis que pendant quelques heures elle s'était crue la fiancée de Lionel, la seule idée d'un mariage la faisait frissonner.

Madame Rigal rentra dans le salon.

— A table, mes enfants! — s'écria-t-elle. — Les perdreaux sont à la broche!... — Ils vont bien, les perdreaux, et nous allons donner un joli coup de fourchette, je vous en fiche mon billet!!

Hermann pensait, en regardant Valentine silencieuse et sombre :

— Elle cherche une issue et n'en trouvera pas... — Roch a raison... — Avant huit jours cette petite sera trop heureuse de devenir ma femme...

## LXI

Il était bien difficile, il était presque impossible que le plan si savamment échafaudé par Roch et Fumel, si adroitement mis en œuvre par Hermann Vogel, n'amenât point, dans un bref délai, le résultat prévu et attendu par le trio d'habiles gredins.

Le caissier de Jacques Lefebvre reconquérait pied à pied la position conquise par lui lors de ses premières visites à la maisonnette de la rue Mozart, et ses chances de succès, momentanément anéanties par l'apparition du comte de Rochegude, grandissaient désormais à vue d'œil.

Chaque jour il arrivait au Bas-Meudon pour le dîner, et ne regagnait Paris qu'à onze heures du soir.

Valentine, bien convaincue qu'elle avait en lui le

plus loyal, le plus chevaleresque des amis, l'attendait non sans impatience et l'accueillait avec un bon sourire, avec une franche poignée de main.

Ne lui devait-elle point son salut et ne fallait-il pas se montrer reconnaissante?

La jeune fille n'éprouvait pour Hermann rien qui, de près ou de loin, ressemblât à de l'amour, mais elle ne lui marchandait ni son estime, ni même une sérieuse affection...

La conscience de ce qu'il avait fait pour elle, la certitude d'un dévouement prouvé non par des paroles, mais par des actes, le lui rendaient profondément sympathique. — Elle prenait l'habitude de passer avec lui toutes ses soirées; il occupait dans son existence une place considérable; bref, nous le répétons, elle l'attendait avec impatience, mais quand retentissait le coup de sonnette annonçant son arrivée, le cœur de la jeune fille ne battait pas plus vite et nulle indiscrète rougeur ne venait doubler l'éclat de ses joues.

Il n'en était pas de même lorsque l'image de Lionel de Rochegude surgissait à l'improviste dans la chambre noire de son souvenir...

Valentine alors devenait pourpre, se reprochait comme une faiblesse coupable ces surprises de sa mémoire, et, s'indignant contre elle-même, se répétait qu'elle ne pouvait et ne devait éprouver pour le comte d'autre sentiment que la terreur et le mépris.

Il convient d'ajouter que ces évocations tout à fait involontaires devenaient de plus en plus rares et de plus en plus vagues. — Bientôt, sans doute, elles cesseraient absolument.

La veuve Rigal, fidèle aux instructions détaillées de maître Roch, parlait sans cesse à Valentine de son prétendu neveu et vantait avec un enthousiasme chauffé à blanc les qualités de son cœur et de son esprit, son intelligence, son courage, sa générosité, son humeur égale et douce, et mille autres vertus dont le détail serait trop long.

Ce verbiage incessant de la bonne dame paraissait un peu monotone à l'orpheline, mais en somme il obtenait le résultat voulu en fixant sa pensée sur Hermann Vogel...

Dix jours s'écoulèrent.

Chaque matin, avant de se rendre à la maison de banque de la rue Saint-Lazare, le caissier allait aux Champs-Élysées prendre des nouvelles de son adversaire.

Ces nouvelles n'étaient en aucune façon satisfaisantes pour les amis de M. de Rochegude.

Selon les prévisions du médecin militaire amené

sur le terrain par les témoins du comte, la fièvre cérébrale survenue à la suite de l'évanouissement ne diminuait point de violence.

Le danger était permanent.

D'une heure à l'autre la congestion sans cesse imminente pouvait emporter le blessé.

A peine est-il besoin d'ajouter que Lionel battait la campagne sans une minute de trêve, sans un instant de lucidité.

Dans ce délire revenaient deux noms, celui de sa mère et celui de Valentine.

Madame de Rochegude, folle de désespoir, ne quittait ni jour ni nuit le chevet de son enfant adoré.

De même qu'on n'avait pu lui cacher la terrible blessure et ses conséquences redoutables, il avait bien fallu lui apprendre la cause du duel.

En sachant que Lionel s'était battu avec un rival à propos d'une femme, la comtesse avait élevé vers le ciel ses mains jointes en balbutiant :

— Mon Dieu... Seigneur mon Dieu... vous avez mis dans le cœur des mères un infaillible instinct !... — Mes pressentiments ne me trompaient point... — J'étais bien sûre que cette fille porterait malheur à mon fils !! — Ayez pitié de moi, Seigneur... Prenez ma vie et laissez vivre Lionel... et s'il faut un miracle pour cela, mon Dieu, faites un miracle !...

Depuis dix mortelles journées le ciel semblait sourd aux supplications de la pauvre mère qui, dévorée d'angoisses et n'ayant plus de larmes à verser, vivait ou pour mieux dire agonisait dans l'effroyable attente de la crise suprême où l'âme de son enfant abandonnerait le corps...

. . . . . . . . . . . . . . . . . . . . . . . . . . . .

Le onzième jour au matin, le valet de pied chargé de donner des nouvelles n'avait plus sa physionomie lugubre de la veille.

Malgré sa gravité officielle une sorte de sourire à peine ébauché, mais prêt à se dessiner mieux, apparaissait sur ses lèvres...

C'est que pendant la soirée et la nuit précédentes un changement des plus heureux s'était produit dans l'état du jeune comte.

La fièvre cérébrale avait cédé d'une manière presque complète.

Les médecins réunis aussitôt en consultation croyaient pouvoir répondre de la vie du blessé.

Seulement, — (toujours d'accord en cela avec le chirugien militaire), — ils affirmaient que la convalescence serait lente et que la lucidité de M. de Rochegude resterait pendant un temps assez long obscurcie et comme voilée par un nuage, mais que peu à peu le nuage se dissiperait, laissant l'intelligence, reprendre sa brillante vivacité d'autrefois.

On comprend que cet oracle des princes de la science avait suffi, malgré ses restrictions, pour rendre madame de Rochegude folle de joie, et pour dissiper aux trois quarts la lourde atmosphère de deuil qui jusqu'alors pesait sur l'hôtel.

— Il est grandement temps d'agir, puisque décidément le comte en reviendra... — se dit Hermann. — Peut-être, un peu plus tard, me causerait-il de grands embaras!... — Avant qu'il soit sur pied il faut terminer tout... — La poire est mûre, d'ailleurs, et doit être cueillie...

Le caissier de Jacques Lefebvre arriva ce soir-là au Bas-Meudon avec un visage défait, avec une physionomie bouleversée.

Ces symptômes de souffrance physique ou morale sautaient aux yeux.

Valentine les remarqua au moment précis où le jeune homme franchissait le seuil du salon.

Elle lui demanda, d'une voix que l'expression du plus vif intérêt rendait tremblante :

— Mon Dieu, monsieur Hermann, qu'avez-vous?... Êtes-vous malade, ou vous survient-il un chagrin?...

— Pourquoi cette question, mademoiselle? — répliqua le caissier.

— Parce que vous êtes pâle et que vous semblez triste...

— Apparence trompeuse, je vous assure:.. — Je n'ai rien... absolument rien...

— Ah! tant mieux!... J'avais peur...

— Et, — continua Vogel, — je suis mille fois reconnaissant de votre sollicitude bienveillante... Recevez l'assurance de ma profonde gratitude...

Valentine, étonnée de ce langage compassé et cérémonieux dont elle n'avait pas l'habitude, regarda le caissier mais sans l'interroger de nouveau.

Elle n'ajoutait qu'une très-médiocre créance à la dénégation d'Hermann; mais, s'il lui cachait quelque chose, elle ne pouvait insister pour savoir ce qu'il voulait taire.

Le dîner fut silencieux.

Vogel avait la physionomie d'un homme condamné à mort, et cette attitude lugubre glaçait Valentine et causait à la petite Claire une sorte d'épouvante.

La veuve Rigal se conformait docilement au mutisme de son prétendu neveu, et combattait de son mieux l'ennui en mettant les morceaux doubles et en les arrosant de nombreuses rasades...

Aussitôt après le repas Hermann s'assit dans un coin du salon, posa ses coudes sur une table, appuya sa tête sur ses mains et resta muet, immobile, les yeux fixes, le regard vague.

Son visage offrait en ce moment une expression si désolée que mademoiselle de Cernay se sentit émue.

Elle laissa s'écouler quelques minutes, puis, voyant que Vogel paraissait décidément métamorphosé en statue de la douleur, elle s'approcha et lui posa la main sur l'épaule.

Le caissier tressaillit et releva la tête.

## LXII

— Vous avez quelque chose à me dire, mademoiselle? — demanda le jeune homme.

— Oui... — répliqua Valentine. — Je souhaiterais causer un moment avec vous...

— Je suis absolument à vos ordres...

L'orpheline désigna du geste la veuve Rigal, debout près de la table ronde placée au milieu du salon.

— La bonne dame faisait fondre dans son café une demi-douzaine de morceaux de sucre, et n'interrompait cette agréable occupation que pour savourer coup sur coup cinq ou six petits verres de la fine champagne apportée par Hermann.

Le geste de Valentine signifiait clairement :

— Je voudrais ne parler qu'à vous...

Vogel le comprit ainsi.

Il se leva, et offrant son bras à mademoiselle de Cernay, il lui dit :

— La soirée, je crois, est très-belle... — Voulez-vous venir au jardin ?

— J'allais vous prier de m'y conduire... — murmura la jeune fille.

Puis, prenant le bras d'Hermann, elle sortit avec lui.

— Décidément, — pensa le caissier, — je suis un malin... — Tout ce que j'avais prévu se réalise de point en point... — Avant que je quitte cette maison le mariage sera décidé...

Quoiqu'on touchât à la fin de l'automne, l'atmosphère était tiède comme aux beaux soirs du mois d'août.

Des myriades d'étoiles étincelaient dans le firmament pur.

La pleine lune émergeait à l'horizon et l'un de ses rayons obliques étalait sous les grands marronniers une traînée de lumière blanche et venait argenter le banc placé à gauche de la porte de la maison.

Vogel conduisit à ce banc mademoiselle de Cernay.

Elle s'assit.

Il y prit place à son tour ; mais Claire n'étant point là pour s'installer entre lui et Valentine, comme elle l'avait fait lors d'un précédent entretien, il eut grand soin de se tenir à distance respectueuse de la jeune fille.

Une équipe de canotiers, regagnant Saint-Cloud ou Suresnes avec son embarcation enguirlandée de fanaux multicolores, chantait en chœur dans le lointain les couplets de la *Vie de Bohême*.

On n'entendait pas les paroles ; la mélodie un peu triviale, affaiblie et comme idéalisée par la distance, prenait une douceur singulière, un charme pénétrant.

Valentine prêta l'oreille pendant quelques secondes sans prononcer un mot.

Elle semblait ne plus se souvenir du motif de sa sortie.

Hermann le lui rappela.

— J'attends, mademoiselle, — dit-il, — que vous veuillez bien m'expliquer en quoi je puis vous être agréable ou utile...

— Monsieur Vogel, — murmura la jeune fille, — je vais être indiscrète, je le sens bien, mais je compte que vous aurez beaucoup d'indulgence pour mon indiscrétion...

— De l'indulgence ? — répéta le caissier. — Vous ne pouvez en avoir besoin...

— Promettez-moi la vôtre, cependant...

— De tout mon cœur...

— Depuis que nous nous connaissons, — reprit Valentine, — vous m'avez témoigné un intérêt si vif, un attachement si profond... vous avez tant fait pour moi... je vous dois une telle reconnaissance, que j'ai le droit et le devoir de vous rendre attachement pour attachement, intérêt pour intérêt... — C'est une dette que je paye...

Mademoiselle de Cernay s'interrompit, attendant une réplique d'Hermann, mais celui-ci s'inclina silencieusement :

L'orpheline continua :

— Ce soir, au moment de votre arrivée ici, je vous ai demandé : « — *Qu'avez-vous? que vous arrive-t-il? Est-ce une souffrance? est-ce un chagrin...* »

— Je vous ai répondu : — « *Ni l'un ni l'autre...* » — balbutia le caissier.

— Eh! bien, je ne vous ai pas cru... — répliqua l'orpheline. — Votre franchise habituelle me paraît en défaut ce soir... — Vous avez un souci grave, et comme j'ai la certitude, vous entendez, LA CERTITUDE, d'être pour quelque chose dans vos fâcheuses préoccupations, je viens vous prier, je viens vous supplier au besoin, vous, mon ami, mon unique ami, d'avoir confiance en ma raison, confiance en mon courage, et de ne me rien cacher...

Vogel ne répondit pas tout de suite.

Un rayon de lune éclairait son visage, et ce visage semblait refléter, comme un miroir fidèle, les angoisses et les irrésolutions du jeune homme.

— J'ai supplié... — murmura Valentine, — et cependant vous vous taisez!..

Hermann parut se décider tout à coup.

— Enfin, — dit-il, — vous voulez que je parle...— Peut-être ferais-je mieux de vous désobéir... — Je n'en ai pas la force; — je parlerai donc... — Mais il faudra m'écouter jusqu'au bout... Il faudra surtout vous souvenir que je voulais garder le silence et que je subis de votre part une véritable contrainte morale...

— Soyez tranquille, — répliqua mademoiselle de Cernay, — je ne vous interromprai pas, et je n'oublierai rien...

— Soit! — fit Vogel. — Voici la vérité: — Je suis malheureux... très-malheureux...

— Vous! — s'écria Valentine. — Pourquoi?...

— Parce que l'adieu que je vous dirai ce soir doit être un éternel adieu... — Je vais m'éloigner de vous, mademoiselle, et pour ne vous revoir jamais...

— Ne jamais me revoir... un éternel adieu... — répéta la jeune fille atterrée. — Que signifie cela?...

— Je ne vous comprends pas... — Quel motif vous empêcherait de continuer à veiller sur ma sœur et sur moi?... — Vous ne songez point à quitter Paris?...

— Avant trois jours j'aurai quitté non-seulement Paris, mais la France... — répondit le caissier.

— Mon Dieu! — balbutia Valentine. — Vous vous expatriez!

— C'est une nécessité fatale...

— Quelle est la cause de cette nécessité?...

— Vous, mademoiselle...

L'orpheline fit un mouvement de stupeur.

— Moi!... — s'écria-t-elle, — moi!... — Mais c'est insensé, ce que vous dites! — Ou je rêve, ou votre raison s'égare...

— Ni l'un ni l'autre... — Écoutez... Vous allez tout savoir, hélas!... et vous comprendrez tout... — Plus que jamais vous êtes menacée... — Cet homme, ce comte de Rechegude, s'obstine dans ses odieux projets... — Il s'est juré que vous seriez sa proie... — Une armée d'agents à sa solde fouille Paris pour vous découvrir, et, comme vous restez introuvable, le cercle des recherches s'élargit d'heure en heure, et déjà le filet étend ses mailles sur la banlieue... — Un jour ou l'autre les limiers du comte arriveront ici...

— Et c'est au moment où le péril grandit... C'est au moment où plus que jamais je vais avoir besoin d'un défenseur, que vous parlez de m'abandonner ! — balbutia la jeune fille.

— Vous me jugez mal, mademoiselle ! — En m'éloignant je ne laisserai point le danger derrière moi... — Mon parti est pris... — Demain je ferai en sorte de me placer sur le chemin de votre persécuteur... — Je l'insulterai sous le premier prétexte venu, je le souffletterai au besoin, je me battrai ensuite avec lui, je le tuerai si Dieu est juste, et vous n'aurez plus rien à craindre...

— Du sang !... — dit Valentine toute frissonnante. — Du sang versé pour moi !...

— C'est l'unique moyen de vous délivrer du persécuteur...

— Mais s'il vous tue ?...

— Ah ! s'il me tue... Eh, bien ! que voulez-vous, j'aurai fait le possible... Vous n'aurez rien à me reprocher...

— Et je serai perdue, moi !

— Non, car vous trouverez un honnête homme que vous accepterez pour mari... — Le mari, même s'il est faible, peut défendre et protéger sa femme contre les plus forts ! La société, la loi, la police, sont avec lui ! Un comte de Rochegude, malgré son nom, malgré son titre, malgré sa fortune, doit battre en retraite et baisser pavillon devant l'écharpe du commissaire...

Valentine inclina la tête, et pendant quelques secondes s'absorba dans une rêverie profonde, puis elle reprit :

— Mais, si vous le tuez, pourquoi partir?...

— Pourquoi? — répéta Vogel impétueusement. — Parce que ma patience et mon courage sont à bout... — C'est trop longtemps souffrir un intolérable supplice... Mieux vaut en finir d'un seul coup... — Je vous aime, Valentine, vous le savez bien, ou plutôt je vous adore, et j'en meurs!... — Ah! si vous m'aviez aimé!... Si vous aviez compris ce dont un amour comme le mien me rendrait capable pour votre bonheur!... — Mais vous ne m'aimez pas... vous ne m'aimerez jamais... Tout est dit...

Mademoiselle de Cernay posa sa main sur le bras d'Hermann.

— Donc, si vous étiez mon mari, — demanda-t-elle, — point de duel et plus de danger?...

— Ni l'un ni l'autre... — Qu'auriez-vous à craindre?... Je défierais le monde entier!...

— Eh bien! — reprit Valentine, — si vous voulez m'épouser, monsieur Vogel, je dirai : Oui, sans le moindre chagrin, et je tâcherai de vous rendre heureux...

## LXIII

— Enfin ! — se dit Vogel, qui, tandis qu'il jouait la passion avec un talent de premier ordre, n'avait pas une minute perdu son sang-froid.

Puis, fidèle à son rôle, il poussa une exclamation de joie délirante, balbutia des paroles entrecoupées, comme si le désordre de son esprit ne lui permettait point d'exprimer les sentiments dont son cœur débordait, et, tombant à genoux devant mademoiselle de Cernay, il saisit et couvrit de baisers ses petites mains qui tremblaient un peu.

Valentine les lui retira bien vite, et certes en agissant ainsi elle n'obéissait point à un instinct de pruderie, mais les baisers d'Hermann lui rappelaient de façon trop vive que les lèvres du comte de Rochegude avaient touché ses mains.

Quelques secondes s'écoulèrent ainsi.

La jeune fille, comprenant bien qu'elle venait de s'engager irrévocablement, se sentait oppressée par une sorte de vague épouvante.—Son cœur se gonflait dans sa poitrine — Un frisson passait sur sa chair.

— Pardonnez-moi, mademoiselle...— murmura le caissier d'une voix basse et frémissante, en reprenant sa place sur le banc à côté de Valentine. — Je n'ai pas été maître de moi tout à l'heure... Je n'avais plus ma tête... — Si l'excès du bonheur pouvait égarer la raison, assurément je serais fou... — Songez-y donc, je n'osais espérer, tant la conscience de votre supériorité m'écrase, et vous avez promis d'être ma femme... Car vous l'avez promis!.. Ah!! ma vie toute entière ne sera pas assez longue pour vous témoigner ma reconnaissance à force d'amour...

Ces paroles, si humbles et si tendres à la fois, touchèrent l'orpheline et donnèrent à ses pensées une nouvelle direction.

— Que parlez-vous de ma supériorité?—répondit-elle. — Que parlez-vous de votre reconnaissance?... N'est-ce pas vous seul qui méritez ma gratitude infinie, vous assez généreux pour offrir votre nom à la pauvre enfant sans famille et sans fortune que vous avez protegée, que vous avez défendue, que vous avez sauvée?

Hermann répliqua.

Une lutte de générosité s'engagea entre la vierge angélique et le sinistre gredin, mais ce dernier était trop pratique pour laisser ce débat se prolonger outre mesure, car le temps qu'il donnait à ces marivaudages lui semblait du temps perdu.

— Chère Valentine, — dit-il, — (vous me permettrez je l'espère, de vous nommer désormais ainsi) — en toute autre occurrence j'aurais la délicatesse, croyez-le, de ne point réclamer à trop bref délai l'exécution des engagements pris par vous... — Je comprends bien qu'une jeune fille ne peut envisager sans inquiétude, et peut-être même sans frayeur, un brusque changement d'état... Mais par malheur nous sommes dans une situation exceptionnelle et très-grave dont il importe de sortir au plus vite... — Le péril grandit chaque jour, et pour le conjurer il n'est qu'un moyen, le mariage... — Tant que vous ne serez pas ma femme, tant que je n'aurai pas sur vous des droits incontestables et sacrés, je ne pourrai m'opposer à des tentatives déshonorantes qu'au péril de ma vie... et vous ne le voulez pas...

— Non, certes, je ne le veux pas, — répondit la jeune fille, — et comme vous j'ai hâte de sortir d'une atmosphère d'angoisses sans cesse renaissantes!!...

— Marions-nous vite...

Hermann attendait ces mots.

— Rien ne nous empêche de nous marier dans les délais légaux... — reprit-il.

— Quels sont ces délais?

— Onze jours à partir de la première publication...

— Quand cette publication peut-elle avoir lieu?

— Dimanche prochain... par conséquent après demain...

— Eh! bien, faites le nécessaire...

— Vous me donnez pleins pouvoirs?...

— Assurément...

— Certaines pièces me seront indispensables...

— Lesquelles?...

— Votre acte de naissance... les actes de décès de vos parents... le consentement de votre tuteur...

— Les actes dont vous parlez sont chez moi, rue Mozart, avec les quelques papiers de famille que je possède, dans le tiroir d'un meuble dont la clef ne me quitte pas... — Je vous remettrai tout à l'heure cette clef avec celle de la maison.

— J'irai cette nuit même...

— Rien de plus simple et rien de plus facile, — poursuivit Valentine; — quant à ce qui concerne mon tuteur, c'est autre chose... — Il a été nommé, soit par un conseil de famille dans lequel je n'avais aucun parent, soit par les juges du tribunal, je ne me souviens pas au juste... — Je le connais à peine, ce tuteur... Je ne l'ai vu qu'une ou deux fois... C'est tout au plus si je sais son adresse... — Faire une démarche auprès de lui pour obtenir son consentement m'embarrasserait beaucoup, je l'avoue...

— Ne vous inquiétez pas de cela... — dit Hermann, — je me charge de la démarche embarrassante pour vous... Je verrai M. Lacaussade...

— Vous savez son nom! — s'écria Valentine étonnée. — Vous le connaissez donc?

— Personnellement, non, mais j'ai des amis qui sont avec lui dans les meilleurs termes, et qui s'empresseront de me présenter... — Je suis certain d'ailleurs que M. Lacaussade donnera de la meilleure grâce du monde le consentement dont nous ne pourrions nous passer...

— Tout est donc pour le mieux... — reprit la jeune fille. — Le mariage sera-t-il célébré ici, mon ami?

— Ici? au Bas-Meudon?...

— Oui.

— C'est impossible...

— Pourquoi?

— Pour des raisons de domicile... des raisons légales dont le détail serait trop long et ne vous intéresserait pas...

— Alors, où nous marierons-nous ?

— A la mairie et à l'église de l'endroit où vous êtes domiciliée...

— Il faudra donc retourner à Passy !! — fit l'orpheline avec agitation, — à Passy où vous dites vous-même que l'espionnage est en permanence !!... — Cela m'effraye...

— Rassurez-vous, chère Valentine ! — répliqua Vogel en souriant. — Vous n'y retournerez qu'une fois... — Ce sera en plein jour... à l'heure du mariage... Je serai près de vous... Nos témoins nous accompagneront... Vous n'aurez rien à craindre... ni alors... ni plus tard !...

— Que Dieu vous entende !...

Après un silence la jeune fille, saisie tout à coup d'une curiosité presque enfantine, demanda timidement :

— Quand nous serons mariés, où demeurerons-nous ?...

— Cela, je ne le sais pas encore... — répondit le caissier avec un nouveau sourire. — J'étais si loin de m'attendre à mon prochain bonheur que je n'aurais pas même osé me poser cette question.

— Mais vous avez un appartement, rue de la Pépinière ?... J'ai vu cela sur votre carte...

— Oui.

— Qui nous empêchera...

Valentine s'arrêta court.

— De l'habiter ensemble? — acheva Vogel.

Mademoiselle de Cernay fit, — en rougissant beaucoup, — un signe affirmatif.

— La meilleure de toutes les raisons, — dit Hermann. — Ce modeste logis, à peu près suffisant pour un garçon, est absolument indigne de vous recevoir...

— Je ne suis point accoutumée au luxe, vous le savez, et je n'y tiens guère...

— Sans doute, mais je tiens, moi, à vous entourer sinon de luxe, ce que ma position actuelle m'interdit, au moins de bien-être... — Le luxe viendra plus tard, car je veux être riche, chère Valentine... très-riche... pour vous seule... et, croyez-moi, je le serai bientôt... — En attendant nous aurons une installation simple et coquette... — Un nid gracieux où vous vous plairez, je l'espère...

— Nous y vivrons avec ma sœur, n'est-ce pas ?

— Bien entendu...

— Vous ne me séparerez point de Claire? Vous ne m'en séparerez jamais?... — J'ai promis à ma mère mourante de veiller sur la chère mignonne comme sur mon enfant...

— Vous tiendrez ce serment, je le jure... — J'aime

Claire de toute mon âme et je sens qu'avant qu'il soit longtemps, quand je serai son frère, je l'aimerai davantage encore...

Valentine prit la main d'Hermann et la serra entre les siennes...

Puis, comme il se faisait déjà tard, elle remit au caissier la clef de la maisonnette et celle du meuble; elle lui donna les indications nécessaires pour trouver les papiers dont il avait besoin, et il reprit triomphant le chemin de Paris après avoir pour la première fois appuyé ses lèvres sur le front pur de sa douce fiancée.

Une demi-heure plus tard, Valentine et Claire se trouvaient réunies dans la vaste chambre du premier étage.

La jeune fille assit l'enfant sur ses genoux.

—Mignonne,—lui dit-elle d'une voix mal affermie, — je dois t'apprendre une grande nouvelle...

— Une grande nouvelle... — répéta Claire en fixant sur Valentine ses beaux yeux étonnés.

— Oui... — je vais te donner un frère... je vais avoir un mari...

— Un mari?... Toi, ma sœur!! Qui donc?...

— M. Vogel...

L'enfant devint pâle comme une morte. — Elle

jeta ses bras autour du cou de sa sœur aînée, et, cachant sa tête sur sa poitrine, elle balbutia avec des sanglots :

— M. Vogel... oh ! non !... non !... pas lui !... J'ai peur...

## LXIV

Valentine s'efforça de consoler sa sœur, puis, ne pouvant y parvenir, se mit à pleurer avec elle... — Les larmes sont contagieuses...

Les pressentiments noirs dont nous avons parlé revenaient en foule assaillir l'orpheline...

En vain elle tentait de les chasser. — Ils s'obstinaient et ne s'éloignaient pas.

Mais l'instinctive épouvante de l'enfant, les angoisses sans cause apparente de la jeune fille, ne pouvaient modifier les faits près de s'accomplir et dont la nécessité s'imposait, — du moins en apparence.

— Ma tristesse est une faute et ma terreur une folie... — se dit Valentine. — J'ai promis, je tiendrai... et ensuite, que Dieu me protége!! — Je serai une honnête femme, j'en suis sûre... — Serai-je une femme heureuse ?... C'est le secret de l'avenir... — Hermann Vogel est le meilleur des hommes... il m'adore... — En se dévouant pour moi il me l'a prouvé... il le prouve encore mieux en m'épousant quoique je sois pauvre... — Je devrais l'aimer de toute mon âme... Je devrais lui rendre amour pour amour, et cependant il ne m'inspire qu'un sentiment de reconnaissance... — Ah ! je suis bien ingrate et j'ai honte de moi...

Laissons la candide orpheline s'adresser des reproches dont nous connaissons l'injustice, et suivons le caissier de Jacques Lefebvre.

Vogel, en regagnant Paris, éprouvait une des joies les plus vives qu'il lui fût possible de ressentir.

L'ivresse du succès et les chatouillements de la vanité satisfaite causaient à sa nature égoïste une sensation délicieuse.

Il se félicitait de la façon magistrale dont il avait conduit à bonne fin cette difficile affaire.

— Depuis le début, — pensait-il, — depuis ma première visite à la maisonnette de Passy, je n'ai commis ni une faute, ni une maladresse... — Personne au monde n'aurait compris et joué mon rôle comme je l'ai fait, sans hésitation, sans défaillance !
— J'ai été complet !... — Rochegude est supplanté;

Valentine est conquise!... Dans deux semaines elle sera ma femme, et je n'aurai plus qu'à hâter le moment heureux où la pauvre orpheline deviendra sans le savoir une riche héritière... — J'ai négligé Maurice Villars depuis quelque temps, je l'ai même négligé beaucoup, ne jouissant point du don d'ubiquité... — Ce spectre fardé m'en veut, j'en suis certain, mais il me pardonnera... — Je vais lui revenir et ne le quitterai plus... qu'à la grille du Père-Lachaise où je l'aurai conduit...

Vogel rentra tout droit chez lui; dormit comme peut dormir un homme dont la conscience est absolument nette; se leva de grand matin; prit le chemin de fer de Ceinture qui le conduisit en un quart d'heure à Passy; gagna l'enclos de la rue Mozart; pénétra dans le logis des orphelines; ouvrit grâce à la clef de Valentine le meuble désigné et trouva sans peine les actes de décès et l'acte de naissance qu'il était venu chercher.

Muni de ces pièces, il se rendit sans perdre une minute à l'agence de la rue Montmartre où il arriva un peu avant neuf heures.

Maître Roch n'était pas encore visible pour les clients ordinaires, mais nous savons qu'Hermann, client exceptionnel, avait ses grandes et ses petites entrées à n'importe quel moment du jour et de la nuit.

L'homme de loi, douillettement vêtu d'une robe de chambre de flanelle bleue à liserés rouges, déjà cravaté de blanc, bien rasé, coiffé d'une calotte de velours vert brodée d'or — (luxueux présent d'une femme aimante!) — savourait une tasse de chocolat et parcourait les journaux.

Il tendit la main à Vogel en le regardant par-dessus ses lunettes montées en or, et s'écria :

— Ah! çà, mais, vous avez ce matin la physionomie d'un victorieux, cher et très-honoré client!... — Je vois à votre mine que les choses vont comme vous voulez et que vous apportez de bonnes nouvelles...

— Elles ne sauraient être meilleures... — répondit Hermann.

— La jeune personne a compris enfin que vous aviez été créé et mis au monde tout exprès pour son bonheur?... — continua l'homme de loi.

— Elle a compris cela... — fit le caissier en riant. — Et peut-être ne se trompe-t-elle pas absolument...
— Je n'ai point du tout l'intention de la rendre malheureuse...

— On n'a jamais cette intention-là, parbleu!... — répliqua maître Roch. — Mais, entre nous, je manque de confiance en vos aptitudes conjugales... Je vous vois difficilement bon époux et bon père; tout est possible cependant, même l'invraisemblable... A quand le mariage?...

— Les premières publications seront faites demain...

— Bravo!... — Vous êtes muni des pièces nécessaires?...

— Je les ai dans mon portefeuille...

— Vous n'ignorez point que votre qualité d'étranger vous oblige à remplir certaines formalités.

— Je suis au fait... — Tout se passera selon les règles... — Je vous demande seulement de prévenir le tuteur...

— Je verrai Lacaussade dans la journée, — répondit maître Roch, — et je prendrai rendez-vous avec lui pour vous présenter demain ... — C'est demain dimanche et vous serez libre... — Je l'ai pressenti déjà... Vous n'aurez aucune opposition à craindre de la part de ce brave homme, à qui tout ça est bien égal, et qui d'ailleurs ne peut qu'être ravi du parti brillant et inespéré tombant du ciel à sa pupille...

— Faudra-t-il un contrat de mariage?

— Nullement... — L'absence de contrat implique le régime de la communauté, et c'est ce régime qu'il vous faut...

— A merveille... — Cela simplifie...

— Avez-vous des témoins?...

— Il me serait facile d'en avoir... Je n'aurais qu'à

m'adresser à mes collègues de la maison de banque...
Mon patron lui-même, j'en suis persuadé, ne me
refuserait point son assistance... Mais il importe,
vous savez pourquoi, d'ébruiter mon mariage le moins
possible... — Si je n'en parle à âme qui vive il a
beaucoup de chances de rester ignoré, personne
n'ayant le moindre intérêt à se mettre en quête de
mon nom sous le petit grillage... — Il existe en outre
à Paris plus d'un *Vogel* et plus d'un *Hermann*...

— Vous avez complétement raison... — Je serai
l'un de vos témoins, si vous voulez...

— J'accepte avec reconnaissance...

— Comme second témoin, prenez Charles Laurent...
— Impossible de lui cacher ce qui se passe... —
D'ailleurs vous lui devez ça, puisqu'il vous assistait
dans votre duel...

— Soit !...

— La future madame Vogel ne connaît âme qui
vive... — continua l'homme de loi. — Je me charge
de lui fournir des témoins de bonne tenue, parfaitement présentables et point trop encombrants...

— Croyez à ma vive gratitude...

— Ça n'en vaut pas la peine... — En sortant de la
messe vous nous donnerez un déjeuner très-simple
dans un modeste restaurant du bord de l'eau, que
j'ai découvert et où on mange des matelotes éton-

nantes... — Nous serons huit... — Vous, votre femme et la petite sœur, les quatre témoins et *notre* tante, la veuve Rigal... — Elle n'est pas drôle, la veuve Rigal, mais je ne vois aucun moyen de l'éliminer... — Nous la gorgerons d'une nourriture abondante et substantielle... Quand la vieille extravagante a la bouche pleine, elle ne songe point à parler...

— Vous traitez bien lestement *notre* tante ! — fit Hermann en riant.

— Bah ! laissez donc ! — Je ne dis pas la moitié du mal que vous pensez d'elle !... — Une question :
—Immédiatement après le mariage où comptez-vous vous installer ?

— Je n'en sais rien encore... — Valentine m'a demandé cela hier soir, et je n'ai pu lui répondre...

— Voulez-vous un conseil ?...

— Certes !...

— Eh bien ! gardez pour quelques jours ou pour quelques semaines la maison du Bas-Meudon... — Cela vous donnera le temps d'aviser...

— Diable !... c'est loin le Bas-Meudon...

— Que vous importe ? — Vous arrivez le soir, vous repartez le matin, et vous êtes absolument certain que personne ne s'occupe de votre femme en votre absence.

— Sans doute, — reprit Hermann, — mais, vous

l'avez dit vous-même, la veuve Rigal n'est pas drôle, et l'avoir sur les épaules ce serait un peu raide...

— Eh vous ne l'auriez point!... — Sous un prétexte de voyage urgent, votre chère tante déguerpirait le lendemain des noces et vous seriez absolument chez vous, ayant pour faire votre service le jardinier et une jeune domestique que je vous procurerais de confiance... — Est-ce entendu?

— Nous verrons... je réfléchirai...

— C'est ça, réfléchissez à votre aise et souvenez-vous que dans tous les cas vous pouvez disposer de mon immeuble...

Neuf heures et demie sonnèrent à la pendule du cabinet de maître Roch.

Hermann serra la main de l'homme de loi et prit le chemin de la maison de banque Jacques Lefebvre, où ses fonctions de caissier réclamaient impérieusement sa présence.

Tout en marchant, il se disait :

— Je n'y comprends rien... — Je ne suis ni superstitieux ni craintif... et pourtant le logis du Bas-Meudon me fait peur!... Que m'arrivera-t-il dans cette maison?

## LXV

Quelques jours après l'entretien que nous avons sténographié dans le précédent chapitre, les habitants des chalets de la rue Mozart eurent une surprise considérable.

Le lendemain de l'expiration des délais légaux, vers les neuf heures du matin, deux vastes calèches de grande remise s'arrêtèrent à la porte de l'enclos.

La première de ces calèches renfermait Valentine et Claire, Hermann Vogel et la veuve Rigal.

Maître Roch, Charles Laurent et les deux témoins fournis par l'homme de loi à mademoiselle de Cernay occupaient la seconde.

Ces quatre personnages restèrent dans leur voiture, mais Hermann ouvrit la portière de la sienne, fit descendre les deux sœurs et la vieille dame, puis, donnant le bras à sa fiancée, se dirigea vers la maisonnette.

La petite Claire et la tante improvisée les suivirent.

Valentine vêtue de soie blanche, portant le long voile de dentelle et le bouquet de fleurs symboliques posé sur ses beaux cheveux blonds, était absolument adorable.

Elle souriait à Vogel qui lui parlait tout bas, mais malgré ce sourire une expression de rêveuse mélancolie ajoutait un charme poétique au charme naturel de son doux visage.

L'apparition inattendue de la jeune fille en costume de mariée fut signalée au moment précis où elle franchissait la porte de l'enclos.

L'écrivain, le peintre et le musicien accoururent sur le seuil de leurs jardinets et saluèrent au passage, avec une respectueuse sympathie, la gracieuse enfant à laquelle ils avaient pensé bien souvent depuis son brusque départ.

— Tout s'explique le mieux du monde... — se dirent-ils. — L'amour était de la partie... — La jolie aquarelliste ébauchait le mariage qu'on célèbre aujourd'hui. — L'homme qu'elle épouse n'est point à plaindre!...

Valentine, les yeux baissés et rougissant un peu, rendait les saluts à ces braves jeunes gens qui ne lui avaient jamais parlé.

Hermann ouvrit la porte du petit jardin.

Fidèle à sa promesse, il s'était occupé des fleurs et des rosiers.

La figure de la jeune fille s'éclaira en les voyant vivaces.

— Merci, mon ami… — murmura-t-elle.

Le caissier, tirant de sa poche une clef, ouvrit la maisonnette comme il venait d'ouvrir le jardin, et s'effaça pour laisser entrer Valentine.

La présence de l'orpheline en son ancien logis, quelques minutes seulement avant l'heure où l'officier de l'état civil et le prêtre allaient unir indissolublement sa vie à celle d'Hermann, avait une cause.

Cette cause était simple et touchante.

Dans le petit salon qui nous est connu se trouvait un portrait fort médiocre, mais très-ressemblant, de madame de Cernay, la sœur de Maurice Villars.

La veille au soir, Valentine avait dit à Vogel en lui prenant la main :

— Mon ami, j'ai une requête à vous présenter… Promettez-moi de l'accueillir avec bienveillance…

— Ah! certes, je vous le promets! — Si vous en doutiez, ce serait mal…

— Aussi je n'en doute pas, sachant combien vous êtes bon...

— De quoi s'agit-il, chère Valentine?...

— Je désire que demain matin, avant d'aller à la mairie et à l'église, vous me conduisiez rue Mozart...

Hermann fit un geste d'étonnement.

— Quoi! — murmura-t-il. — Après ce qui s'est passé?...

— Oui, — reprit la jeune fille, — et croyez bien que ce n'est point un caprice... Le portrait de ma mère est là... — Je veux m'agenouiller devant son image chérie... Je veux lui demander de bénir notre union... — C'est une faiblesse superstitieuse peut-être, mais il me semble que ma mère m'attend là-bas, et que si je n'allais point à elle cela me porterait malheur... — Hermann, je vous en prie, ne refusez pas de m'y conduire... Vous me feriez beaucoup de peine...

— Dieu me garde de vous causer un chagrin, chère enfant bien-aimée! — s'écria Vogel, se prêtant de bonne grâce à ce qu'il regardait au fond comme une absurde sentimentalité. — Nous irons rue Mozart...

Et voilà pourquoi Valentine et son fiancé, Claire et la veuve Rigal, franchissaient le seuil du petit chalet.

Le portrait de madame de Cernay avait été peint à l'époque où elle se nommait encore Clotilde Villars et n'avait guère que vingt-deux ou vingt-trois ans.

Entièrement dépourvu de talent artistique sérieux, l'auteur ignoré de ce portrait savait reproduire ses modèles avec une exactitude de photographie.

La jolie tête de Clotilde semblait celle de Valentine avec quelques années de plus, car la jeune fille était la vivante image de sa mère.

L'orpheline s'agenouilla devant le cadre démodé qu'elle considérait comme une relique précieuse entre toutes.

Elle éleva ses mains et son cœur... — Elle implora la morte, et dans son exaltation elle crut voir les yeux immobiles attacher sur elle un regard plein de douceur et de tendresse; elle crut entendre les lèvres muettes murmurer :

— Je te bénis, mon enfant... — Sois heureuse!

Valentine se releva, les joues baignées de larmes, mais rayonnante.

— Qu'ai-je à craindre de l'avenir? — pensait-elle, — ma mère veillera sur moi, elle me l'a promis...

Puis, tout haut :

— Venez, mon ami... — dit-elle à Hermann. — Je suis prête...

Un instant après les deux sœurs, la veuve Rigal et Vogel, traversaient de nouveau l'enclos et remontaient dans la voiture qui prenait le chemin de la mairie de Passy.

Le maire attendait.

Ce magistrat municipal n'avait aucune raison pour s'intéresser à une inconnue, mais il trouva mademoiselle de Cernay si charmante que, lorsqu'il eut prononcé les paroles sacramentelles, il adressa à la nouvelle mariée une sorte de petit discours plein d'une bienveillance paternelle qui mouilla de nouveau les yeux de Valentine.

Vint ensuite le mariage religieux avec ses solennités aussi touchantes que sont sèches et arides les formes du mariage civil.

Le prêtre était un digne vieillard. — Il connaissait bien les deux orphelines, lui, et il professait une haute estime pour sa jeune paroissienne dont il n'ignorait ni le caractère droit et ferme, ni le courage, ni l'abnégation.

Après avoir donné aux époux la bénédiction nuptiale, il parla brièvement mais avec émotion, et dit à Vogel en terminant :

— C'est un trésor, mon fils, que vous confie le Dieu de bonté, car la vierge chrétienne qui vous donne aujourd'hui sa vie, sera la joie, la sécurité, la dignité de votre maison... — L'immense faveur qui vous est accordée vous impose de grands devoirs... —Aimez-la de tout votre cœur, respectez-la de toute votre âme, cette enfant pure dont vous voilà devenu le soutien et le guide... — Je me porte garant qu'elle sera pour vous une épouse fidèle... — Soyez pour elle un mari sans reproche...—Marchez vers l'avenir appuyés l'un sur l'autre, la main dans la main, le regard tourné vers le ciel, et les chastes bonheurs de l'amour légitime abrégeront le temps d'épreuves qui vous sépare d'un autre bonheur, infini, immortel, dans une patrie céleste où ceux qui se sont aimés dans la vie s'aimeront dans l'éternité...

La messe s'acheva.

Rien, désormais, — rien que la mort, — ne pouvait anéantir l'œuvre de fourberie, de trahison, de ténèbres, qui venait de s'accomplir...

Devant Dieu et devant les hommes Valentine de Cernay était la femme du caissier allemand!...

Tandis que les voitures se dirigeaient vers le petit restaurant des bords de la Seine, indiqué par maître Roch qui vantait ses matelotes incomparables, Hermann Vogel pensait :

— J'ai réussi... — Je touche au but... — Maurice Villars a déjà un pied dans la tombe, et, s'il faut le pousser un peu pour qu'il y descende, je suis là... — Dans quelques jours, dans quelques semaines, dans quelques mois au plus, j'aurai trois millions et, quand je tiendrai l'héritage, je trouverai un moyen adroit de ne pas payer cinq cent mille francs à Roch et Fumel qui m'ont mis sans pudeur le couteau sur la gorge!...

En même temps Valentine se disait :

— Je n'ai plus rien à craindre... — Hermann est bon et il m'adore... — Je devrais être heureuse... — Pourquoi donc suis-je si triste?... Pourquoi suis-je triste à mourir?...

## LXVI

Aucun des employés de la maison de banque Jacques Lefebvre, aucune des personnes nécessairement fort nombreuses avec lesquelles le caissier était en relations ne soupçonnait son mariage.

Pour accomplir ce mariage le jeune homme avait obtenu de son patron un jour de congé, mais en dissimulant le but véritable de sa demande et en donnant pour prétexte une affaire de famille.

Hermann tenait à conserver l'apparence d'un célibataire jusqu'au moment où l'héritage de Maurice Villars tombant dans les mains de Valentine, et par conséquent dans les siennes, lui permettrait de liquider la situation précaire et effroyablement périlleuse qui pouvait le placer à l'improviste et d'une heure à l'autre dans la nécessité de choisir entre la cour d'assises et le suicide.

Une fois les traites fausses retirées de la circulation, il se lancerait dans les jeux de Bourse avec des capitaux importants, il ferait rapporter à son argent de grosses sommes, et, délivré de toute inquiétude au sujet du passé et de l'avenir, il vivrait en homme de plaisir et en millionnaire.

Et si quelqu'un de nos lecteurs s'étonnait par hasard que le caissier ait pu si longtemps subvenir aux prodigalités folles de son existence en partie double sans provoquer une catastrophe, nous répondrons que rien n'était plus simple, et que malheureusement pareille chose n'est point du tout rare.

Hermann s'arrangeait pour que les billets fabriqués par Charles Laurent fussent payés à leur échéance.

Il y parvenait en envoyant à l'escompte, presque chaque mois, de nouvelles valeurs de plus en plus fortes, sur lesquelles il prélevait la part du pseudo-comte de Lorbac et la sienne...

Les chiffres grossissants faisaient la boule de neige. — L'abîme se creusait dans des proportions effrayantes...

Déjà la somme représentée par les traites fausses, les mandats et les chèques contrefaits, n'était pas inférieure à trois cent mille francs et forçait Hermann à tenir en dehors de ses livres de caisse, une formidable comptabilité.

Il suffirait désormais d'un oubli, d'une distraction, pour saper par la base l'échafaudage édifié si laborieusement, et, nous le répétons, pour forcer Vogel à se brûler la cervelle s'il n'aimait mieux aller au bagne.

Cette parenthèse indispensable ouverte et fermée, rejoignons les nouveaux époux, que nous avons quittés au moment où ils sortaient de l'église.

Nous les retrouvons à table dans le petit restaurant dont maître Roch faisait volontiers l'éloge.

Ce restaurant, situé sur la berge de la Seine tout près du pont de Sèvres, était une champêtre guinguette très-fréquentée, le dimanche et les jours de fête par les promeneurs parisiens, mais à peu près déserte pendant la semaine.

Le propriétaire exerçait la double profession de marchand de vin et de pêcheur.

Sa femme, cuisinière émérite, n'avait point de rivales pour la friture de goujons, la matelote de carpe et d'anguille, et le lapin sauté.

Les grands vins manquaient dans la cave, mais le chablis, le mâcon vieux, et certain petit bordeaux sans prétention, y suppléaient le mieux du monde.

Maître Roch appréciait les mérites modestes de ce cabaret.

14.

Il y déjeunait chaque fois que l'espoir toujours déçu de louer son immeuble l'amenait au Bas-Meudon.

Très au fait des ressources de l'établissement, il avait écrit la veille pour retenir la *grande salle* et commander le menu.

Cette grande salle, garnie de petites tables, pouvait contenir cinquante ou soixante convives.

Un papier peint et vernis, imitant des treillages couverts de fleurs et de papillons multicolores, lui donnait un aspect très-gai.— Les fenêtres ouvraient sur la rivière.

On avait, pour la circonstance, empilé les petites tables dans un angle, sauf une demi-douzaine qui, rapprochées les unes des autres et recouvertes d'une vaste nappe, formaient un carré long.

Maître Roch et Charles Laurent ayant entre eux Valentine occupaient un des côtés de ce carré.

En face Hermann Vogel, avec la tante Rigal à sa droite et Claire à gauche.

Aux deux bouts les témoins fournis par l'homme de loi, comparses sans importance et personnages à peu près muets.

Côtelettes de mouton, friture, matelote, poulets rôtis et salade se succédèrent sur la table avec accompagnement de force bouteilles.

Le déjeuner fut triste malgré les efforts de maître Roch.

Hermann préoccupé se disait qu'en somme il avait parcouru seulement la première moitié du chemin menant à la fortune, et qu'il s'agissait maintenant de pousser Maurice Villars dans la voie des excès à outrance pour en finir au plus vite avec lui...

Nous connaissons déjà la disposition d'esprit de Valentine.

La pauvre enfant aurait voulu paraître gaie, mais elle avait beau faire, et, quand elle tentait de sourire, les larmes lui venaient aux yeux. — C'est à peine si elle entendait les galanteries de haut goût et les mots risqués que Charles Laurent ne cessait de murmurer à son oreille, et assurément elle ne les comprenait pas.

La veuve Rigal, — pour nous servir d'une expression de son vocabulaire habituel, — donnait un *joli coup de fourchette*... — Elle faisait le vide sur son assiette et dans son verre avec une telle assiduité qu'on s'étonnait qu'un corps si frêle pût contenir tant de nourriture et absorber tant de liquide.

Les témoins comparses buvaient sec et dévoraient sans souffler mot.

Maître Roch, homme aimable, de nature joviale et même un peu folâtre, paya de sa personne pour animer la réunion.

Il alla même jusqu'à chanter au dessert divers couplets de circonstance d'une gaillardise fort peu voilée.

Tentative inutile !

Les refrains gaulois s'éteignirent sans éveiller d'écho... — Les petits yeux de la tante Rigal brillèrent d'une flamme égrillarde... — Ce fut tout, et la bonne dame n'en perdit pas un coup de dent.

Depuis la mort de sa mère, Valentine vivait dans la solitude ; elle ignorait le monde, mais elle comprenait instinctivement que, sauf Hermann, les gens qui l'entouraient étaient d'habitudes triviales et de mœurs vulgaires. — Elle se sentait dépaysée parmi eux. — Son oppression morale augmentait.

Si du moins, pour se soutenir, elle avait eu l'amour... Mais, à cette heure elle le comprenait trop, le sentiment de reconnaissance que lui inspirait Vogel ne ressemblait guère à la passion...

Elle en arrivait à se dire :

— Pourquoi ce mariage ?... — Suis-je vraiment mariée ? — Je rêve sans doute et le réveil va venir ?..

Hélas ! Elle ne rêvait pas !

Alors la douce enfant, jusqu'à ce jour incapable de haïr, se sentait prise d'une indignation furieuse contre cet ennemi mortel de son repos et de son bonheur, contre cet odieux comte de Rochegude dont les persécutions et les violences l'avaient contrainte à chercher un refuge dans les bras d'Hermann Vogel.

Après le café, Charles Laurent sollicita de Valentine la permission d'emmener son mari fumer un cigare sur le bord de la Seine.

Le nouvelle mariée répondit par un acquiescement complet et les deux jeunes gens sortirent ensemble.

—Mes compliments, mon cher! — s'écria le pseudo-Lorbac avec feu. — Mes compliments sincères!!

— A quel propos? — demanda le caissier.

— A propos de madame Vogel, pardieu!! — Ah! vous avez bon goût!.. — Elle est tout simplemen adorable, madame Vogel!!..

— Oui, — fit Hermann, — elle est jolie...

— Avec quelle froideur vous dites cela!!

— Froideur respectueuse et de haute convenance... — il ne s'agit point d'une maîtresse...

— Elle était riche, je suppose, mademoiselle de Cernay?...

— Douze cents livres de rentes dont la moitié appartient à sa sœur...

— Et vous avez épousé tout de même!!... Vous Hermann!!...

— Comme vous voyez... — répliqua le caissier en souriant.

— Ah çà! vous êtes donc éperdument épris?...

— Sans doute...

Charles Laurent secoua la tête et reprit :

— M'autorisez-vous, mon cher ami, à formuler ma pensée tout entière?

— Pourquoi non?...

— Eh bien! ce n'est pas un mariage que vous venez de conclure... C'est une affaire... une grosse affaire...

## LXVII

Malgré le sang-froid presque imperturbable dont nous savons qu'il était amplement doué, Hermann tressaillit.

— Une affaire?... — répéta-t-il.

— Sans doute... — répliqua Charles Laurent.

— Je vous ai dit que ma femme ne possédait rien ou presque rien... De quelle affaire pourrait-il être question?...

— D'un héritage peut-être...

— Madame Vogel est sans famille.

— Dans ce cas, sa beauté lui tient lieu de dot, à vos yeux, et doit un jour ou l'autre vous servir à quelque chose...

— A quoi?

— Eh! mon cher ami, le mari d'une jolie femme est bien fort... Des yeux magiques, un irrésistible sourire sont, en certaines circonstances, un moyen d'action tout-puissant... Bref, vous avez un plan quelconque... — Un violent amour expliquerait à la rigueur votre désintéressement, mais vous n'êtes pas amoureux, donc, en prévision de quelque partie hasardeuse que vous vous préparez à jouer, vous avez pris madame Vogel afin d'avoir un atout dans la main.

— Vous me connaissez mal, mon cher! — répliqua sèchement Hermann. — Je veux arriver à la fortune par des moyens hardis, c'est vrai, mais je suis incapable de spéculer jamais sur la beauté de ma femme, et je repousse vos suppositions que je déclare injurieuses...

Tout en prononçant d'un ton fort digne les phrases que nous venons de reproduire, Vogel pensait:

— Ce drôle vient de m'ouvrir un horizon nouveau... — L'idée est bonne et peut, en un moment de crise, donner de précieux résultats...

— Cache ton jeu, mon bonhomme, je ne suis point ta dupe!... — murmura Charles Laurent, puis tout haut il répondit: — Je ne croyais pas vous blesser, mon cher ami, en parlant d'une chose qui, vous le savez aussi bien que moi, se fait tous les jours dans le monde des gens sans préjugés... — Je retire d'ailleurs avec empressement les paroles qui vous ont paru désobligeantes...

— C'est bien... — Qu'il n'en soit plus question...

— Et pas le moindre nuage sur notre amitié?...

— Pas le moindre... — Nos intérêts communs nous défendent de nous brouiller...

— Avez-vous fait choix d'un appartement à Paris? — reprit le faux Lorbac.

— Le temps m'a manqué... — Madame Vogel, pendant quelques mois encore, habitera la campagne...

— Me permettrez-vous de venir de loin en loin passer une soirée avec vous?...

— Je le permettrais avec grand plaisir, mais notre installation est médiocre, et jusqu'à nouvel ordre nous ne recevrons personne...

— Si pourtant je vous priais de faire une exception en ma faveur?...

— Je le regretterais beaucoup, ayant résolu de n'en admettre aucune...

Ces derniers mots, prononcés avec un redoublement de froideur, ne comportaient pas de réplique, et Charles Laurent fort déconcerté, car le charme de Valentine agissait sur lui de façon très-vive, parla de choses indifférentes jusqu'au moment où, leur cigare achevé, les deux jeunes gens regagnèrent la grande salle du restaurant.

La réponse d'Hermann : — « *Madame Vogel, pendant quelques mois encore, habitera la campagne,* » n'était point une défaite.

Le caissier avait réfléchi que toutes sortes de raisons excellentes lui faisaient une loi d'accepter les offres de maître Roch et de prendre à son compte la villa du Bas-Meudon.

Cette villa étant meublée supprimait les frais d'installation, et, dans la situation précaire où se trouvait Vogel, l'achat d'un mobilier complet et confortable pouvait lui causer un embarras notable.

En outre, Valentine se trouvant à Paris il semblait bien difficile, pour ne pas dire impossible, de ne pas sortir avec elle chaque soir et chaque dimanche.

Or, la merveilleuse beauté de la jeune femme attirerait infailliblement l'attention sur elle. — On voudrait savoir, on s'informerait, et l'on finirait par apprendre que le caissier était marié et qu'il cachait son mariage...

On s'étonnerait de cet inexplicable mystère, on en chercherait les motifs, bref on s'occuperait beaucoup de Vogel, et ce dernier tenait énormément à ce qu'on s'occupât le moins possible de lui.

Le séjour au Bas-Meudon jusqu'à la mort prochaine de l'oncle millionnaire supprimait de façon radicale tous ces inconvénients.

Valentine s'ennuirait à coup sûr dans la solitude où elle passerait ses journées, mais l'ennui de la pauvre enfant n'entrait point en ligne de compte dans les calculs égoïstes du nouveau marié.

Elle ne verrait personne et personne ne la verrait, voilà l'essentiel, et, quand Vogel aurait besoin de sa liberté le soir, il trouverait un prétexte bon ou mauvais pour ne revenir au Bas-Meudon qu'au milieu de la nuit, ou même pour n'y faire une courte apparition que le lendemain matin.

Des poignantes désillusions et du profond chagrin que ce genre de vie causerait infailliblement à Valentine, Hermann ne prenait aucun souci...

Mademoiselle de Cernay était sa femme. — Le jour où elle hériterait de Maurice Villars, il mettrait sans opposition possible la main sur l'héritage. — Il ne demandait pas autre chose. — Son but était atteint... que lui importait le reste ?

Le déjeuner de noces avait manqué d'entrain, nous l'avons dit.

Lorsqu'il fut achevé, l'ennui prit de grandes proportions.

La veuve Rigal, amplement repue et largement

abreuvée, s'endormit sur sa chaise et ronfla bientôt comme dans son lit.

Les deux témoins sans importance tournaient leurs pouces en échangeant toutes les trois minutes une parole insignifiante; très-désireux de s'en aller, mais n'osant le dire dans la crainte de mécontenter l'homme de loi qui leur avait rendu des services.

Claire, debout près d'une fenêtre, et de ses doigts mignons battant les vitres, enviait le sort des pêcheurs qui jetaient leurs filets au milieu de la Seine, et songeait avec un soupir qu'elle s'amuserait beaucoup sur l'un de ces gros bateaux plats maniés par des avirons pesants.

Maître Roch, essentiellement galantin de sa nature et prenant feu comme un jouvenceau près d'une jolie femme, profitait de l'absence du caissier pour faire à la nouvelle mariée une petite cour discrète et respectueuse...

Mais Valentine ne lui prêtait qu'une attention si vague, elle accueillait ses marivaudages les mieux tournés avec un sourire si poli, mais en même temps avec une indifférence si décourageante, que l'ex-avoué, se sentant incompris ou mal apprécié, perdait son assurance, devenait terne et songeait à battre en retraite.

La réapparition de Vogel et de Charles Laurent fut le signal d'un départ immédiat.

Les cochers, ayant bien dîné, sifflaient le vieil air du Mirliton de Saint-Cloud en attelant aux deux voitures les chevaux gorgés d'avoine.

Hermann paya la note dont le total lui sembla singulièrement mesquin, comparé aux additions du café Riche et de la Maison d'Or, après les soupers fins émaillés de cocottes.

Valentine, Claire, Vogel et la veuve Rigal prirent place de nouveau dans la première calèche qui, sur une indication donnée à voix basse par maître Roch, se dirigea vers le Bas-Meudon, tandis que la seconde voiture, emmenant les quatre témoins, traversait le pont de Sèvres pour regagner Paris.

Charles Laurent désirait savoir où se trouvait la maison de campagne dont avait parlé le caissier, mais il était bien trop habile pour questionner l'homme de loi...

Il avait d'ailleurs un moyen infaillible de satisfaire sa curiosité, et il l'employa.

La voiture déposa maître Roch en face du numéro 131 de la rue Montmartre.

Les deux comparses se firent conduire à leurs domiciles respectifs, boulevard Bonne-Nouvelle et rue Saint-Denis.

Le cocher se retourna sur son siége.

— Où faut-il mener monsieur? — demanda-t-il à Charles Laurent resté seul.

— Au coin de la Chaussée-d'Antin et du boulevard... — répondit le pseudo-Lorbac qui descendit à l'endroit désigné, mit une pièce de quarante sous dans la main de l'automédon et lui dit :

— J'aurai besoin prochainement de quelques voitures pour une noce... — Je vous prendrai de préférence, mon brave... A quelle administration appartenez-vous ?

Le cocher nomma un loueur de la rue Basse-du-Rempart.

— Comment vous appelez-vous ? — reprit le questionneur.

— Philippe...

— Et votre camarade... celui qui est resté là-bas?

— Edouard...

Charles Laurent en savait assez.

Une heure plus tard le cocher Edouard palpait cent sous, et en échange donnait l'adresse de la villa du Bas-Meudon.

## LXVIII

Le jour où nous avons vu le caissier Vogel venir pour la dernière fois prendre des nouvelles de son adversaire à l'hôtel de Rochegude, les médecins avaient eu raison d'affirmer que le jeune comte se trouvait hors de péril.

A partir de ce moment la convalescence fut rapide en effet, plus rapide même qu'il n'aurait été permis de le croire et de l'espérer.

Au bout de trois semaines, l'officier de hussards commençait à quitter son lit et à faire sans trop de fatigue quelques tours dans son appartement, en s'appuyant sur le bras de sa mère ou sur celui de son valet de chambre.

Aussitôt dans cette voie de guérison complète,

ses forces grandirent pour ainsi dire d'heure en heure.

Bientôt un point d'appui lui devint inutile. — Il marcha seul et d'un pas de plus en plus ferme.

A la fin de la quatrième semaine, le médecin attitré du comte lui permit de monter à cheval.

Lionel était d'une constitution si vigoureuse que les souffrances aiguës des premiers jours, les accès multipliés d'une fièvre ardente, les nuits de délire et d'insomnie, avaient glissé sur lui sans presque laisser à leur suite de traces appréciables.

Un peu d'amaigrissement, une pâleur mate qui n'offrait rien de maladif, témoignaient seuls du danger auquel le jeune homme n'avait échappé que par une sorte de miracle.

Voilà pour le physique.

Au moral un changement d'une tout autre importance s'était produit.

Lionel semblait un homme nouveau.

On eût dit qu'un affaiblissement de sa mémoire, résultant sans doute de la violence et de la durée du transport au cerveau, étendait une sorte de voile entre le passé et le présent, du moins en ce qui concernait les origines de cette rencontre dans laquelle il avait failli succomber.

Le jeune homme paraissait avoir oublié complétement mademoiselle de Cernay et ce profond, cet impétueux amour, auquel nous l'avons vu prêt à sacrifier sa vie...

Pour le reste il conservait la netteté habituelle de son intelligence et la plénitude de ses souvenirs.

Madame de Rochegude s'étonnait bien un peu de ce phénomène psychologique inattendu et inespéré, mais elle s'en réjouissait surtout.

La passion folle que Valentine inspirait à Lionel avait été pour la comtesse, nous le savons, la source d'une déception immense et d'un poignant chagrin...

Cette passion s'évanouissant, l'obstacle insurmontable contre lequel venaient se briser les désirs et les espérances de madame de Rochegude disparaissait en même temps.

La plus parfaite des femmes et la meilleure des mères pouvait recommencer son rêve interrompu par une catastrophe...

— Rien, désormais, — se disait-elle en tressaillant de joie, — n'empêcherait le mariage du jeune comte avec sa jolie cousine Esther...

Et elle ajoutait :

— Une fois ce mariage accompli, j'aurai assez vécu !... — Si, après avoir exaucé mon vœu le plus cher, Dieu me rappelle à lui, je partirai heureuse et reconnaissante...

15.

Elle n'avait pas encore osé cependant reparler à son fils des anciens projets anéantis par lui si brusquement.

Malgré sa confiance en l'avenir elle craignait d'une façon vague de raviver le passé. Néanmoins elle se promettait de ne plus tarder, de saisir la première occasion, et, au besoin, de la faire naître.

Telle était la situation de la mère et du fils le jour où, profitant de la permission du docteur, Lionel donna l'ordre de seller *Bob*, son cob favori.

— Cher enfant, — murmura la comtesse qui se trouvait là, — cette promenade m'inquiète...

— Pourquoi? — demanda l'officier.

— Es-tu bien sûr d'être assez fort pour monter à cheval?...

— J'en suis si sûr, — fit Lionel avec un sourire, — que je n'hésiterais point à courir en steeple-chase au besoin.

— Au moins tu te feras accompagner?...

— A quoi bon?...

— A me rassurer...

— Alors je n'hésite pas...

Et Lionel fit dire à un groom de se tenir prêt.

— Seras-tu longtemps dehors? — reprit madame de Rochegude.

— Non, ma mère... — Je me montrerai prudent pour vous plaire, et ma promenade sera courte...

— A la bonne heure! — Où iras-tu?

— Au bois de Boulogne, naturellement... Je ferai le tour du lac et je rentrerai...

— Je vais t'attendre avec impatience...

Les deux chevaux piaffaient dans la cour de l'hôtel.

Le valet de chambre apporta le chapeau du comte, ses gants et sa cravache.

Lionel embrassa sa mère sur le front, descendit et se mit en selle.

Pour un sportsman émérite, pour un homme de cheval, l'équitation est un des plus vifs plaisirs qu'il soit possible de goûter.

M. de Rochegude savoura d'autant mieux cette jouissance que depuis un temps assez long il en était sevré...

Au moment où il embarquait au galop de chasse sur la pente douce des Champs-Élysées son cob nerveux et frémissant, il éprouva une sorte d'ivresse soudaine, pareille à celle que de puissantes valeurs alcooliques enverraient au cerveau d'un homme affaibli.

Il perdit momentanément la notion exacte de la

réalité. — Il lui sembla que quelque fantastique hippogriffe l'enlevait à tire d'ailes dans un rêve de fumeur d'opium.

L'habitude donnant à Lionel la solidité d'un centaure, il s'abandonnait d'une façon passive et délicieuse au mouvement cadencé qui l'emportait, ne s'occupant point de sa monture et ne la dirigeant pas plus qu'un aéronaute, immobile dans sa nacelle d'osier, ne dirige le ballon glissant parmi les nuages.

Or le cob irlandais, complétement livré à lui-même, profita de sa liberté pour suivre le chemin qu'à une époque bien récente encore son cavalier lui avait si souvent fait prendre...

Au lieu de gagner l'*avenue de l'Impératrice* qui, — (n'en déplaise aux gens du Quatre-Septembre) — conservera toujours ce nom pour le monde aristocratique, il s'engagea dans l'avenue d'Eylau sans ralentir son allure souple et rapide, la parcourut d'un bout à l'autre en sept ou huit minutes, longea le parc de la Muette, passa devant la station de Passy, et s'arrêta si brusquement en face des palissades de l'enclos de la rue Mozart que Lionel, surpris par ce temps d'arrêt imprévu, faillit être lancé en avant...

Cette secousse violente tira le jeune homme de

l'état indéfinissable où l'avait plongé la sensation du grand air et de la vitesse succédant à des semaines de maladive immobilité, et que nous avons comparé plus haut à un alcoolisme soudain.

Il se réveilla littéralement, quoique son corps ne fût point endormi. Il promena ses regards autour de lui; il reconnut l'endroit où il se trouvait; il devint livide, et son cœur gonflé dans sa poitrine cessa de battre pendant un instant...

Le brouillard qui flottait autour de sa pensée se dissipait comme une vapeur aux premiers rayons du soleil.

Tous ses souvenirs se ravivaient, et avec ses souvenirs cet amour dont il avait oublié jusqu'à l'existence, cet amour que la comtesse croyait mort et qui n'était qu'évanoui...

En une seconde, le passé reparut avec ses joies et ses chagrins et la déception effroyable succédant à de si chères espérances.

— Je n'ai eu de cette enfant trompeuse que mensonge et dédain... — murmura Lionel. — Je devrais la mépriser... je devrais la haïr!... — Je suis lâche et je l'aime encore! Je veux la revoir, je la reverrai, et maintenant je ne ménagerai plus rien!... — Malheur à quiconque se placerait entre elle et moi!...

M. de Rochegude se retourna.

Le groom sanglé et correct attendait à la distance réglementaire.

Sur un signe de son maître, il accourut.

Lionel lui jeta la bride de son cheval, mit pied à terre et franchit la porte de l'enclos...

## LXIX

En pénétrant dans l'enclos de la rue Mozart, Lionel de Rochegude obéissait à un entraînement irréfléchi et plus fort que sa volonté.

S'il avait essayé de battre en retraite il l'aurait fait en vain.

La mystérieuse influence qui le dominait, et à laquelle d'ailleurs il n'essayait point de résister, le poussait en avant...

Le fait d'avoir été conduit à Passy sans le vouloir et par l'instinct de son cheval, semblait au jeune homme une frappante manifestation, non du hasard mais de la destinée.

— C'est à mon insu, — pensait-il, — que je suis arrivé ici... Donc rien au monde ne pouvait m'empêcher d'y venir, et rien au monde n'aurait la puissance de me faire retourner sur mes pas...

Il se dirigeait vers la maisonnette de mademoiselle de Cernay, bien résolu à franchir le seuil, même si la jeune fille tentait de lui en refuser l'entrée.

Une fois en présence de l'orpheline, il s'écrierait :

— Oui, Valentine, c'est encore moi !... — Je suis venu parce que votre bonheur et le mien nous imposent à tous deux cette entrevue ! — Ne me repoussez pas et ne me chassez pas !... Ce serait inutile... — Il faut m'écouter... il faut m'entendre !... Je sors d'une profonde nuit, Valentine, et la lumière s'est faite soudainement dans mon esprit... — Ce n'est point d'un malentendu, comme vous le croyez, que nous avons été les victimes, c'est d'un mensonge, c'est d'une trahison, c'est d'un crime, je le sens, je le devine, j'en suis sûr !... — Un moment vous m'avez aimé, mademoiselle, et votre amour n'est pas de ceux qui se donnent et qui se reprennent, donc je crois fermement que vous m'aimez encore, quoiqu'en une lettre cruelle vous m'ayez dit qu'il n'en était rien, mais, cette lettre, un misérable vous l'imposait, je le comprends trop aujourd'hui, et pas un seul des mots qu'écrivait votre plume ne sortait de votre cœur! — Je vous aime toujours, Valentine, je vous aime plus que jamais, et ma vie est à vous aujourd'hui comme elle était à vous déjà lorsque j'apprenais à ma mère que je vous avais choisie, que je vous adorais et que vous alliez être sa fille. — On a tenté de nous désunir en me tuant, et l'on a presque réussi, mais les calculs de notre ennemi seront déjoués, puisque me voilà!... — Ce passé de quelques semaines, Valentine, il faut l'oublier comme on oublie un mauvais rêve!... — Je ne veux plus me souvenir d'avoir souffert par vous, et l'avenir radieux se chargera de tout effacer... — Un mot, Valentine, rien qu'un mot... à défaut d'un mot, un sourire, et je pars, et dans une heure vous me reverrez, et je ne serai pas seul... La comtesse de Rochegude m'accompagnera pour vous ouvrir ses bras et vous donner son cœur...

Lionel en était là de ce fiévreux monologue...

Il lui semblait parler à l'orpheline elle-même... — Une sorte de délire, produit par la faiblesse passagère du cerveau résultant de la blessure à la tête et de ses suites, lui faisait prendre l'hallucination pour la réalité.

Soudain il s'arrêta, chancelant, pareil à un homme qui vient de recevoir une balle en pleine poitrine...

Son visage déjà pâle devint livide comme celui d'un mourant, et, faisant un geste de stupeur épouvantée, il recula d'un pas.

En ce moment il touchait presque à la clôture du petit jardin. — Déjà il élevait la main pour saisir et pour agiter le cordon de la sonnette...

Un écriteau cloué au-dessus de la porte à claire-voie frappa ses regards et produisit sur lui l'effet de la classique tête de Méduse chère aux rimailleurs de l'ancien jeu.

L'écriteau portait ces mots, tracés en grosses lettres noires, et terrifiants pour Lionel :

### CHALET A LOUER

A louer, la maisonnette des orphelines!!...

Donc mesdemoiselles de Cernay ne l'habitaient plus...

Donc quelque fait irréparable s'était accompli tandis que le jeune comte se trouvait en péril de mort sur son lit de douleur. Donc un nouvel obstacle, impossible peut-être à franchir ou à renverser, se dressait entre lui et Valentine...

Ces pensées désespérantes traversèrent l'esprit de Lionel avec la rapidité de l'étincelle électrique; et nous avons dit un peu plus haut quelle foudroyante impression elles produisirent sur lui.

Cependant, au bout de quelques secondes il reprit un peu de sang-froid et redevint capable de réfléchir.

La première question qu'il s'adressa fut celle-ci :

— Que s'est-il passé?

Suivie logiquement et immédiatement par cette seconde interrogation :

— Comment le savoir?...

La réponse semblait malaisée...

Lionel relut pour la seconde fois les trois mots, non moins terribles à ses yeux que le *Mané, Thécel, Pharès*, du festin de Balthazar, puis, les ayant relus tressaillit de nouveau.

Il venait de découvrir quatre lignes tracées au bas de l'écriteau, en caractères de dimension moyenne, et qui lui avaient échappé d'abord :

« S'ADRESSER POUR LES RENSEIGNEMENTS RUE MOZART, EN FACE L'ENCLOS, AU MAGASIN DE QUINCAILLERIE ET DÉBIT DE VINS DE LA VEUVE LOMBARD, QUI DONNERA L'ADRESSE DU PROPRIÉTAIRE. »

Ce prétendu magasin de quincaillerie était une sorte d'échoppe, moitié cabaret et moitié boutique, tenue par une vieille femme, — la veuve Lombard, — qui vendait du vin d'Argenteuil aux terrassiers, et des ustensiles de ménage aux bonnes des environs.

Au début de notre récit nous avons eu l'occasion

de parler cette échoppe, et M. de Rochegude la connaissait bien.

C'était à la veuve Lombard que nous l'avons vu s'adresser, le jour où pour la première fois il avait rencontré et suivi la jolie artiste portant ses aquarelles chez Gabé et Duvart.

Pour cent sous la vieille marchande s'était hâtée d'apprendre à Lionel tout ce qu'elle savait, c'est-à-dire que la jeune fille se nommait Valentine de Cernay, qu'elle était orpheline, très-pauvre, absolument honnête, et qu'elle vivait seule avec sa sœur.

Le comte, sans perdre une minute, quitta l'enclos, traversa la rue Mozart et se dirigea vers l'échoppe, mais avant d'y entrer il attendit un instant afin de reprendre pleine et entière possession de son sang-froid.

Lorsqu'il se crut assez maître de lui pour ne rien laisser paraître sur son visage de l'émotion qui l'agitait, il franchit le seuil.

La veuve Lombard, âgée de soixante-dix ou soixante-douze ans, tricotait un bas de laine, assise derrière une table boiteuse servant de comptoir et sur laquelle se coudoyaient fraternellement les objets disparates formant le fonds du double commerce de vin bleu et d'ustensiles de ménage.

Malgré ses lunettes la vieille femme n'y voyait guère plus loin que le bout de son nez.

Elle ne reconnut point le jeune homme qui l'avait questionnée quelques semaines auparavant.

— Qu'est-ce qu'il y a pour votre service, mon beau monsieur? — lui demanda-t-elle. — C'est-il pour monter votre ménage en faïence ou terre de pipe?...

— Non, ma bonne dame... — répondit Lionel. — C'est vous qui êtes la veuve Lombard?... — ajouta-t-il.

— En personne véritable et naturelle...

— Alors c'est vous que désigne l'écriteau? — C'est à vous qu'il faut s'adresser?...

— Pour la location du chalet?

— Précisément.

— C'est bien à moi... — Il est gentil tout plein, le chalet... — Vous avez idée de le louer, peut-être bien?...

— Oui, ma bonne dame...

— C'était quatre cents francs par an jusqu'à ces temps derniers... Mais le *propriétaire* a décidé une augmentation de cent francs.. — Ça vous paraît-il un trop gros prix?...

— Non, ma bonne dame...

— Faudrait dans ce cas aller causer avec le propiétaire... — Il s'appelle m'sieur Desvignes, cet homme, et demeure à Grenelle, rue du Commerce, n° 6... — On le trouve tous les matins jusqu'à midi... Mais j'y pense... peut-être bien que vous seriez content de visiter le chalet d'abord...

— Oui, si c'est possible...

— Oh! très-possible... — J'vas vous donner la clef et vous irez sans moi... — Point de crainte des voleurs... Y a rien à prendre... — Plus de meubles... on dirait que le feu y a passé.

— Plus de meubles... — répéta machinalement Lionel.

— Ah! dame, non... — Depuis quinze jours déménagement complet... — V'là la clef... vous me la rapporterez quand vous aurez vu...

## LXX

Lionel de Rochegude prit la clef que lui tendait la bonne femme, mais ne fit point mine de quitter l'échoppe.

Il lui fallait des renseignements complets, même s'ils devaient être pour lui une source d'amertume et de douleur.

— J'ai passé par ici il y a quelques semaines, — reprit-il, — et je suis entré dans l'enclos... — A cette époque le chalet était occupé, et rien n'annonçait qu'il dût être libre d'un jour à l'autre... — Par quel hasard se trouve-t-il à louer en ce moment?...

— Ça, — fit la veuve Lombard, — c'est une histoire...

— Ne pouvez-vous me la raconter?...

— Pourquoi donc pas?

— Acceptez ceci, je vous prie, ma bonne dame, à titre d'indemnité légitime pour le temps que ce récit vous fera perdre...

Et Lionel mit une pièce de cent sous dans la main ridée de la vieille.

— Ah! — fit vivement cette dernière, — j'aurais bien parlé sans ça, mais je prends les cinq francs tout de même, et grand merci, mon généreux monsieur... — Faut donc que vous sachiez que le chalet avait pour locataire une jeunesse ben gentille et de famille huppée, quoique point riche du tout... — Cette jeunesse s'appelait mam'zelle Valentine de Cernay... — Ah! la bonne et brave demoiselle, et pas fière, et jolie, et sage!... Pas un mot à dire sur son compte... On n'a jamais vu sa pareille... Elle demeurait avec sa petite sœur, une gamine de sept à huit ans, ben gentille aussi, ma foi!... — Figurez-vous qu'une nuit, — (il peut y avoir de ça trois ou quatre semaines, un peu plus ou un peu moins), — tout un chacun fut réveillé en sursaut dans le quartier par des coups de pistolet, pif! paf! pif! paf! comme si on fusillait le monde... — Pour sûr ça venait de l'enclos...

— Et qu'est-ce que c'était? — demanda vivement Lionel.

—On ne l'a jamais su... — répliqua la vieille femme. — On avait peur d'attraper quelque mauvais coup dans la bagarre, vous comprenez ça, et personne n'a mis le nez dehors... — De grand matin on est allé voir, et on n'a rien trouvé... — Seulement la porte de l'enclos, fermée la veille au soir, était ouverte au grand large...

— Et la jeune fille ? mademoiselle de Cernay?... — s'écria le comte.

— Chez elle et tranquille comme Baptiste... — Mais attendez un peu... — La journée se passa, et la soirée, et la nuit... — Le lendemain, patatras! — Le chalet était vide... — Les orphelines avaient disparu...

— Enlevées ! — murmura M. de Rochegude avec stupeur.

— Enlevées ou assassinées, voilà ce qu'on crut d'abord...

— Et ce n'était pas vrai?

— Eh! non, car deux jours après, au moment où on se disposait à faire une déclaration à la police, arriva un particulier très comme il faut, un jeune homme dans votre genre qu'on voyait souvent venir... — Ce particulier avait la clef du chalet et un mot d'écrit de mam'zelle Valentine pour le portier qu'est carreleu de souliers, bien à votre service, se toutefois vous aviez besoin de pièces à vos chaussures... — Ce monsieur prit des objets qu'il venait chercher et s'en alla...

— Pour ne plus revenir? — interrogea le comte, se croyant sûr que le personnage désigné par la vieille femme n'était autre qu'Hermann Vogel.

— Attendez donc! — répondit la veuve Lombard : — Figurez-vous qu'un matin, il peut y avoir de ça quinze jours, deux belles voitures à deux chevaux s'arrêtent dans la rue, devant l'enclos...

» Naturellement je sors sur le pas de ma porte... et devinez un peu qui je vois descendre de la première voiture!... Mais non, vous ne devineriez jamais et j'aime mieux vous le dire tout de suite...

» Eh bien! c'était mam'zelle Valentine et sa petite sœur, en compagnie du monsieur qui venait souvent lui rendre visite, et d'une vieille dame bien respectable et joliment cossue, avec un châle rouge, un chapeau à plumes, enfin bref un habillement de grande cérémonie...

» Mais voici le beau de l'affaire... — Mam'zelle Valentine, habillée de blanc, avait un grand voile sur la tête... une couronne de fleurs d'oranger... et un bouquet pareil...

— Mais c'est un costume de mariée, cela!! — balbutia Lionel avec une indicible émotion.

— Positivement! — Il retournait mariage!! — Les témoins étaient dans la seconde voiture...

» La jeune demoiselle et sa compagnie allaient au chalet; — ils y restèrent dix minutes ou un quart d'heure, puis ils remontèrent en carrosse, et en route pour la mairie et pour l'église...

— Vous en êtes sûre?... — demanda le comte d'une voix faible comme un souffle.

— Comment, si j'en suis sûre?... — Ah! mais oui, que je le suis!... — J'aime les mariages, moi! ça me rappelle le bon temps et mon pauvre mari, défunt Lombard, qui me battait comme plâtre quand il avait bu un coup de trop, mais qui me chérissait tout de même... — Donc j'ai lâché ma boutique pour aller à l'église, pendant que monsieur le maire faisait sa besogne, et j'ai entendu monsieur le curé dire après la cérémonie un tas de choses attendrissantes qui vous tiraient les larmes des yeux... — Ah! oui, mam'zelle Valentine est mariée, je vous en réponds, et solidement mariée!... Mais on croirait que ça vous chagrine....

— Qu'est-ce que vous avez donc, monsieur?...

Le comte de Rochegude, en effet, venait d'enfouir son visage entre ses mains crispées, pour cacher de son mieux l'expression de désespoir qui décomposait ses traits.

Au bout d'une seconde, il écarta ses mains, releva la tête et murmura :

— Je n'ai rien...

— Est-ce que vous connaissiez mam'zelle Valentine ?

— Non, je ne la connaissais pas... — Continuez, ma bonne dame...

— J'ai presque fini... — Trois ou quatre jours plus tard, un déménageur arrivait avec un écrit du propriétaire... — Le congé était donné, les termes payés, le chalet à louer, et, comme d'habitude, on me remettait la clef qu'on ne pouvait pas, bien entendu, laisser sur la porte... — Voilà pourquoi la maison est vide, et voilà pourquoi, si elle vous convient, vous pouvez emménager tout de suite... — Quand vous aurez visité l'intérieur, vous déciderez ça...

Lionel se dirigea vers la porte, mais avant de l'atteindre il revint sur ses pas.

Le courage lui ferait défaut, — il le sentait bien — pour franchir le seuil de ce chalet maintenant désert où Valentine l'avait reçu...

Pourquoi d'ailleurs s'imposer cette inutile souffrance ?...

A quoi bon rendre plus brûlante, par un retour sur le passé, son inguérissable blessure ?

Valentine mariée !... Valentine perdue pour lui, au moment où sa passion renaissait avec une ardeur nouvelle, au moment où il voulait à tout prix faire de la jeune fille sa femme !...

Sous ce coup de massue de la destinée, Lionel chancelait.

— Décidément je ne visiterai pas le chalet aujourd'hui... — dit-il à la veuve Lombard en lui rendant la clef qu'il accompagna d'une seconde pièce de cent sous, puis, sans écouter les actions de grâce que lui valait sa libéralité, il sortit de l'échoppe, traversa la rue Mozart, reprit des mains du groom la bride de *Bob*, se mit en selle, et lança son cheval au galop dans la direction de l'esplanade du Ranelagh, d'où il gagna le bois de Boulogne.

Après une heure d'une course folle pendant laquelle il essaya, mais sans résultat, d'imposer la fatigue physique comme antidote à l'angoisse morale, il ramena le cob irlandais, blanc de sueur et couvert d'écume, à l'hôtel des Champs-Élysées.

La comtesse attendait son fils avec une grande impatience et non sans un peu d'inquiétude.

— Comme tu es pâle ! — s'écria-t-elle en allant le rejoindre dans son appartement. — Bien plus pâle qu'au moment de ton départ ! — Il ne t'est rien arrivé ?...

— Non, ma mère... — répondit le jeune homme, désireux de cacher l'état de son âme à madame de Rochegude.

— C'est qu'alors tu es fatigué?...

— Oui, peut-être...

— Tu présumais trop de tes forces, je le savais d'avance! — Lionel, si tu m'aimes, ménage-toi! Il faut si peu de chose pour amener une rechute...

— Soyez tranquille, ma mère... il suffira d'un instant pour me remettre...

— Repose-toi vite, alors, et reprends ta bonne mine de ce matin... — Ton oncle m'a fait prévenir pendant ton absence qu'il viendrait nous demander à dîner et qu'il amènerait Esther...

— Ils seront les bienvenus... — dit Lionel avec effort.

— Oui, les très-bienvenus... — répéta la comtesse. — Et qui sait... — ajouta-t-elle en souriant. — Un jour... bientôt peut-être... mes projets d'autrefois... mes beaux projets... tu sais... se réaliseront enfin...

— De quels projets parlez-vous, ma mère?

— De ton mariage avec ta cousine... mon cher et doux espoir...

— N'y pensez plus, ma mère... — répliqua Lionel

d'une voix ferme, — chassez toute espérance... Cela vaudra mieux pour votre repos et pour le mien, car une déception amène à sa suite une douleur... — Quelque charmante, quelque digne d'être aimée que soit ma cousine, je ne l'épouserai pas...

— Eh bien ! mon enfant, — balbutia madame de Rochegude, dissimulant de son mieux son chagrin, — si ta détermination est irrévocable, je ne te tourmenterai point...— Nous chercherons ensemble une autre femme.

— Ce serait inutile... — interrompit Lionel. — Je ne me marierai jamais !...

— Cependant...

— Jamais! — répéta le jeune homme avec énergie. — Jamais !...

Il ajouta tout bas :

— Est-ce que j'ai le droit de disposer de ma vie?— Est-ce que je m'appartiens? — Je suis à Valentine... à Valentine mariée et qui semble perdue pour moi, mais que je retrouverai, je le sens, j'en suis sûr...

*  *
 *

Le comte de Rochegude, dupe d'une passion folle, s'abusait-il en disant, et surtout en croyant ce qui précède? — Devait-il en effet retrouver Valentine un jour? — Dans quelles conditions étranges et dramatiques aurait lieu la rencontre nouvelle de ces deux êtres charmants faits l'un pour l'autre, et séparés par des manœuvres infâmes?...

La seconde partie de notre récit, — LA VEUVE DU CAISSIER, — contiendra la solution de cette double énigme...

FIN DE LA PREMIÈRE PARTIE ET DU SECOND VOLUME.

F. AUREAU. — IMPRIMERIE DE LAGNY.

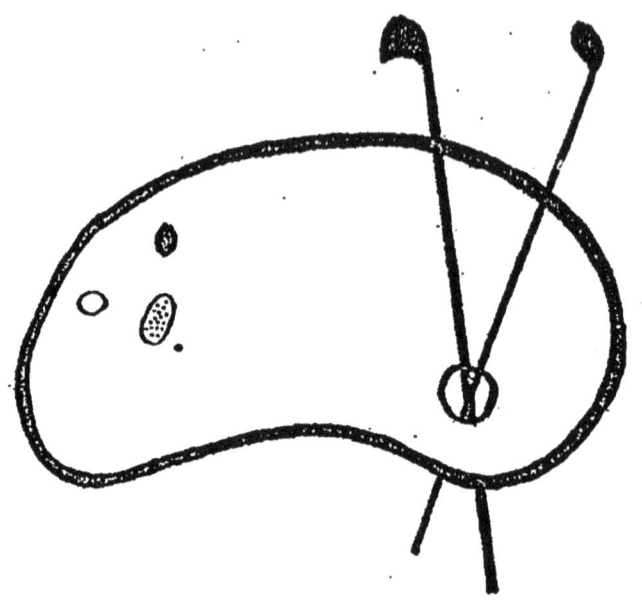

ORIGINAL EN COULEUR
NF Z 43-120-8

www.ingramcontent.com/pod-product-compliance
Lightning Source LLC
Chambersburg PA
CBHW071140160426

43196CB00011B/1960